Anja Berkemeier, Dietmar Böhm, Stefanie Dreißen, Karl-Helmuth Eimuth, Volker Fischer, Martin Gehlen, Anita Hüseman, Lutz-Walter Müller-Till, Michael Ott, Ingrid Rauner

Herausgeberin: Anja Berkemeier

W0404814

Kein Kinderkram!
2

Lernfeld 4-6

3. Auflage

Bestellnummer 239693

westermann

Bildquellenverzeichnis

Berkemeier, Anja, Bergisch Gladbach: 19 (alle), 20.1, 75.1

Dreißen, Stefanie, Mesekenhagen: 150.1

Eimuth, Anne-Elisabeth, Kiel: 109.1, 109.2, 110.1, 110.2, 110.3, 111.1, 113.2 (Marcus Shaw), 113.3 (Marcus Shaw), 113.4 (Marcus Shaw), 113.5 (Marcus Shaw), 113.7 (Marcus Shaw), 114.2 (Marcus Shaw), 114.3 (Marcus Shaw), 116.1

Eimuth, Kurt-Helmuth, Frankfurt am Main: 113.1 (Marcus Shaw)

fotolia.com, New York: 17.1, 22.1 (manu), 22.2, 22.3 (lagom), 35.1 (beeboys), 44.1 (Goran Bogicevic), 70.1, 108.1, 117.1, 144.1 (Gyula Gyukli), 144.2 (Valua Vitaly), 149.1 (Tyler Olson)

iStockphoto.com, Calgary: 141.1 (Juan Monino)

Müller-Till, Lutz Walter: 170.1 (Sabine Müller), 171 (alle) (Sabine Müller)

Ott, Michael, Freiburg: 64.1, 67.1, 68.1

Peter Wirtz Fotografie, Dormagen: 14.1, 53.1

Schlüter, Christian, Essen: 31.1, 31.2, 31.3

Shaw, Marcus: 113.6 (Kurt-Helmut Eimuth)

Shutterstock.com, New York: 54.1 (Pola Bona), 135.1 (Deymos Photo), 144.3, 161.1

Wehner, Markus, Ober-Roden: 135.2

Wetterauer, Oliver, Stuttgart: 11.1, 84.1, 126.1, 164.1.

Mit Grafiken von Angelika Brauner

Druck: westermann druck GmbH, Braunschweig

service@westermann-berufsbildung.de
www.westermann-berufsbildung.de

Bildungshaus Schulbuchverlage Westermann Schroedel Diesterweg Schöningh Winklers GmbH, Postfach 33 20, 38023 Braunschweig

ISBN 978-3-14-**239693**-4

westermann GRUPPE

© Copyright 2017: Bildungshaus Schulbuchverlage Westermann Schroedel Diesterweg Schöningh Winklers GmbH, Braunschweig
Das Werk und seine Teile sind urheberrechtlich geschützt. Jede Nutzung in anderen als den gesetzlich zugelassenen Fällen bedarf der vorherigen schriftlichen Einwilligung des Verlages.
Hinweis zu § 52a UrhG: Weder das Werk noch seine Teile dürfen ohne eine solche Einwilligung eingescannt und in ein Netzwerk eingestellt werden. Dies gilt auch für Intranets von Schulen und sonstigen Bildungseinrichtungen.

Vorwort

Das Lehrwerk „Kein Kinderkram!“ erfuhr 2016 eine Neuauflage, um die gesellschaftlichen und beruflichen Entwicklungen und Veränderungen der letzten Zeit aufzugreifen. Die aktuelle Form orientiert sich zudem an den Lernfeldern für die Ausbildung von Erzieherinnen und Erziehern. Diese Neuorientierung erforderte nun auch eine Überarbeitung der dazugehörigen Arbeitshefte.

Die Gestaltung nach beruflichen Lernfeldern führte dazu, dass die Kapitel in zwei Bände aufgeteilt wurden. Entsprechend des Hauptwerkes finden sich in dem ersten Arbeitsheft die Lernfelder:
Berufliche Identität und professionelle Perspektiven weiter entwickeln,
Pädagogische Beziehungen gestalten und mit Gruppen pädagogisch arbeiten,
Lebenswelten und Diversität wahrnehmen, verstehen und Inklusion fördern.

In Band zwei finden sich die Lernfelder
Sozialpädagogische Bildungsarbeit in den Bildungsbereichen professionell gestalten,
Erziehungs- und Bildungspartnerschaften mit Eltern und Bezugspersonen gestalten sowie Übergänge unterstützen,
Institution und Team entwickeln sowie in Netzwerken kooperieren.

Die neu vorliegenden Arbeitshefte ergänzen die Aufgaben, die sich in dem Hauptwerk befinden, mit neuen Lernsituationen, an den Lehrplan orientierten Kompetenzbeschreibungen sowie weiteren praxisnahen und kooperativen Aufgaben. Dabei wurde die Form der Aufgaben beibehalten, um die unterschiedlichen Aspekte eines beruflichen Lernfeldes kompetenzorientiert zu erarbeiten und zu vertiefen. Es geht in den Aufgaben um:

Wissen und Verstehen

Analyse und Bewertung

Planung und Konzeption

Reflexion

Diese Grundstruktur zielt darauf ab, die berufliche Handlungskompetenz einer angehenden Erzieherin aufzubauen, zu erweitern und zu festigen. So wird bewusstes, fachlich begründetes und professionelles Handeln möglich.

Durch den gesellschaftlichen Wandel richtet sich die Ausbildung nun auch an übergeordneten Aufgaben aus. Dabei handelt es sich – unabhängig von der jeweiligen Tätigkeit in den einzelnen Arbeitsfeldern – um sogenannte Querschnittsaufgaben:
Partizipation
Inklusion
Prävention
Sprachbildung
Wertevermittlung
Vermittlung von Medienkompetenz
Diese Querschnittsaufgaben finden sich daher in allen Lernfeldern wieder. Auch in diesem Arbeitsheft sind sie durchgängig gekennzeichnet, um die übergeordnete Bedeutung immer wieder zu verdeutlichen.

Viele neue Erkenntnisse wünscht

für das Autorenteam
Anja Berkemeier

Lernfeld 4: Sozialpädagogische Bildungsarbeit in den Bildungsbereichen professionell gestalten

Lernfeld 5: Erziehungs- und Bildungspartnerschaften mit Eltern und Bezugspersonen gestalten sowie Übergänge unterstützen

Lernfeld 6: Institution und Team entwickeln sowie in Netzwerken kooperieren

Sozialpädagogische Bildungsarbeit in den Bildungsbereichen professionell gestalten

Bildungspläne

1: Bildung regeln? – Arbeiten mit Bildungsplänen

→ *Bd. 2 S. 39 ff.*

Während der Vorbereitung auf das nächste Praktikum wird der Bildungsplan aus Ihrem Bundesland ausführlich besprochen und erarbeitet. Die pädagogischen und psychologischen Grundannahmen eines solchen Konzepts treten deutlich hervor, Hinweise und Ansätze für interessante und in gleicher Weise angemessene Bildungsangebote werden vorbereitet und diskutiert. Sie sollen später anhand konkreter Praxiserfahrungen überprüft und eingeschätzt werden.

Zudem ergibt es sich, dass Sie im Rahmen einer Fachtagung zum Thema „Bildung in Kindertagesstätten" auch Studierende aus anderen Bundesländern kennenlernen. Sehr schnell stellt sich heraus, dass Ihre zukünftigen Kolleginnen und Kollegen und Sie zwar „irgendwie dasselbe wollen", aber jede Person für sich genommen auch „irgendwie anders argumentiert und vorgeht".

Das Bildungssystem der Bundesrepublik Deutschland erscheint in diesen Begegnungen uneinheitlich und unübersichtlich.

↘ KOMPETENZEN

- → *Die Absolventinnen und Absolventen verfügen über grundlegendes sowie exemplarisch vertieftes berufliches Wissen im Hinblick auf die Erziehungs- und Bildungsziele in der pädagogischen Arbeit mit Kindern und Jugendlichen.*
- → *Die Absolventinnen und Absolventen verfügen über Fertigkeiten, um Erziehungs- und Bildungsziele sowie deren Umsetzung mit allen an diesen Prozessen Beteiligten zu überprüfen und ggf. zu modifizieren.*

Der bayerische „Bildungs- und Erziehungsplan für Kinder in Tageseinrichtungen bis zur Einschulung" ist verglichen mit den Bildungsplänen anderer Bundesländer sehr umfangreich ausgefallen. Jedoch lassen sich die verschiedenen Überlegungen und Ausführungen des Bildungsplans in einem ersten Überblick zu einer allgemeinen Grundstruktur zusammenfügen:

1. Grundlagen
2. Pädagogische Ziele – Umsetzung
3. Anhang

Auch die Bildungspläne anderer Bundesländer lassen sich zunächst in zwei Hauptteile aufgliedern; jedoch gibt es für die einzelnen pädagogischen Überlegungen, Fachbegriffe oder Zielformulierungen recht unterschiedliche Zuordnungen und Schwerpunktsetzungen (was sich dann jeweils im unterschiedlichen Umfang solcher Pläne niederschlägt).

Eine Zusammenstellung aller Bildungspläne (in den meisten Fällen ist ein Download möglich, auch können die Seiten ausgedruckt werden) findet sich unter:

www.bildungsserver.de/Bildungsplaene-der-Bundeslaender-fuer-die-fruehe-Bildung-in-Kindertageseinrichtungen-2027.html oder unter www.gew.de (Stichwort: Bildungspläne).

Grundstruktur eines Bildungsplanes – Beispiel: Bayern

Bildungs- und Erziehungsplan für Kinder in Tageseinrichtungen bis zur Einschulung (vgl. Bayerisches Staatsministerium, 2012)	
1. Grundlagen **1.1. Allgemeine Voraussetzungen und Notwendigkeiten** ➩ gesellschaftliche Veränderungen, neuere wissenschaftliche Erkenntnisse ... **1.2. Menschenbild, weitere Grundannahmen** ➩ Bild vom Kind ➩ Bildungsverständnis, Bildung und Entwicklung, Bildung und Erziehung ➩ Lernen ... **1.3. Bildungspolitische und rechtliche Einordnung** ➩ Verbindlichkeit für die Kindertagesstätten, weitere Bestimmungen ➩ Sicherung der pädagogischen Qualität, Anschlussfähigkeit ...	
2. Pädagogische Umsetzung – Ziele **2.1. Hinweise zur Handhabung** ➩ Aufbau, Verwendung von Beispielen ➩ Kinder unter 3 Jahren ... **2.2. Basiskompetenzen des Kindes, welche erworben oder gestärkt werden sollen** ➩ personale Kompetenzen, Kompetenzen zum Handeln im sozialen Kontext ➩ Resilienz ... **2.3. Übergreifende Perspektiven** ➩ Gestaltung von Übergängen (Transitionen) ➩ Umgang mit Vielfalt (Diversity) ... **2.4. Bildungsbereiche** ➩ Emotionen, Konflikte, Werte, Sinn ... ➩ Sprach- und Medienkompetenz ➩ Forschen, Kunst und Musik, Kultur ... ➩ Bewegung und Gesundheit ... **2.5. Schlüsselprozesse** ➩ Mitwirkung der Kinder (Partizipation, Ko-Konstruktion ...) ➩ Kooperation (Eltern, Gemeinwesen ...) ➩ Evaluation und Weiterentwicklung ...	**3. Anhang** ➩ Mitglieder der Fachkommission ➩ Modelleinrichtungen und Beispiele aus der Praxis ➩ Nachweise ➩ ...

Wissen + Verstehen

1 Erstellen Sie in gleicher Weise eine erste Übersicht des in Ihrem Bundesland gültigen Bildungsplans. Welche Aspekte lassen sich in der Grunddarstellung bereits gut erkennen oder besonders herausstellen?

Grundstruktur des in Ihrem Bundesland verbindlich vorgegebenen Bildungsplans

Analyse + Bewertung

2 Vergleichen Sie mehrere Bildungspläne miteinander. Um Zeit zu sparen, können Sie dabei arbeitsteilig vorgehen, indem Sie einige der nachfolgenden Themen auswählen und hierzu die Kernaussagen und Erläuterungen jeweils zusammenstellen:

- → Titelbezeichnung (z. B.: Was vermittelt sich durch die Titulierung? Oder durch die Bezugnahme auf Altersgruppen?)
- → Das Bild vom Kind (z. B.: Welche Grundeigenschaften und Kompetenzen werden Kindern zugesprochen?)
- → Das Kind und die Gruppe (z. B.: Welche sozialen Bildungsprozesse sind wichtig?)
- → Partizipation (z. B.: Wie sollen/können Mitwirkungsprozesse angebahnt und unterstützt werden?)
- → Die Rolle der Erzieherinnen (z. B.: Welche Anforderungen stellen sich?)
- → Zusammenarbeit mit den Eltern (z. B.: Wie soll das Zusammenwirken stattfinden?)
- → Bildung und Erziehung (z. B.: Wie werden diese Begriffe ggf. verkürzt und einander zugeordnet?)
- → Inklusion (z. B.: Wird das Thema als „Querschnittsaufgabe“ vermittelt oder exklusiv bedacht?)
- → Sinn und Werte (z. B.: Welchen Stellenwert räumt man diesem Gesichtspunkt ein?)
- → Sprache und Sprachförderung (z. B.: Welche Bedeutung hat Sprache für die Bildungsprozesse?)
- → Natur und Umwelt (z. B.: Wie soll forschendes Lernen ermöglicht werden?)
- → Musik, Ästhetik, Kultur (z. B.: Welche Ausdrucks- und Gestaltungsformen werden thematisiert?)
- → Körper und Gesundheit (z. B.: Wie sollen Selbstwahrnehmung und Wohlbefinden gefördert werden?)
- → Prävention (z. B.: Welche Fähigkeiten von Kindern und Jugendlichen sollen bestärkt werden?)
- → …?

Zuletzt können Sie Ihre Arbeitsergebnisse in einer Synopse zusammenfügen. Diskutieren Sie die Gemeinsamkeiten und Unterschiede sowie die unterschiedlichen Gewichtungen.

Eine Synopse ist eine „Zusammenschau“. Sie könnte wie folgt aussehen:

Bildungspläne, z. B. aus: / Themen:	Bayern	Baden-Württemberg	Nordrhein-Westfalen	Thüringen
Titelbezeichnung	Bildungs- und Erziehungsplan für Kinder in Tageseinrichtungen bis zur Einschulung	Orientierungsplan für Bildung und Erziehung in […] Kindergärten und weiteren Kindertageseinrichtungen	Bildungsvereinbarung NRW und: Grundsätze zur Bildungsförderung	Bildungsplan für Kinder bis 10 Jahre
Bild vom Kind				
Kind – Gruppe				
Partizipation				
Erzieherinnen				
Eltern				
Bildung – Erziehung				
Inklusion				
Werte				
Sprache				
Natur, Umwelt				
Musik, Ästhetik, Kultur				
Gesundheit				
Prävention				
…				

3 Im bayerischen Bildungs- und Erziehungsplan werden immer wieder praktische Beispiele für die Anregung und Veranschaulichung von Bildungsangeboten ausgeführt, welche Kindern den Erwerb und die Bestärkung von sogenannten „Basiskompetenzen" ermöglichen sollen. Mithilfe dieser Beispiele soll „das Zusammenspiel von professioneller Planung und offenem Dialog mit den Kindern bei der Gestaltung von Lernprozessen" verdeutlicht werden (Bayerisches Staatsministerium 2012, S. 61).

Planung + Konzeption

Eine zusammenfassende Darstellung der „Basiskompetenzen" finden Sie in „Kein Kinderkram!", Bd. 2, Lernfeld 4, Kap. 4.3.

→ *Bd. 2, S. 40 f.*

Untersuchen Sie in Partnerarbeit oder in Kleingruppen ein Praxisbeispiel des bayerischen Bildungsplans, z. B. das „Regenwurm-Projekt" (Bayerisches Staatsministerium 2012, S. 61 ff.).

- → Welche Erklärungen und Zuordnungen werden herangezogen, um die Bildungsqualität eines solchen pädagogischen Angebotes zu begründen?
- → Welche allgemein-pädagogischen Überlegungen werden besonders herausgestellt?
- → Welche pädagogischen Zielvorgaben (Basiskompetenzen, Bildungsbereiche, ...) werden gesetzt? Wie werden sie begründet und überprüft (Evaluation)?
- → Welche Anliegen und Fähigkeiten der Kinder (Partizipation, Ressourcen, Inklusion, ...) werden berücksichtigt oder thematisiert?
- → Welche sonstigen Bildungspartner (Eltern, Schule, ...) werden in die Überlegungen und Planungen mit einbezogen? Auf welche Weise soll dies geschehen?
- → Welche Aufgaben entstehen für die professionellen Fachkräfte?
- → Werden Anregungen und Hilfestellungen gegeben?

Querschnittsaufgaben

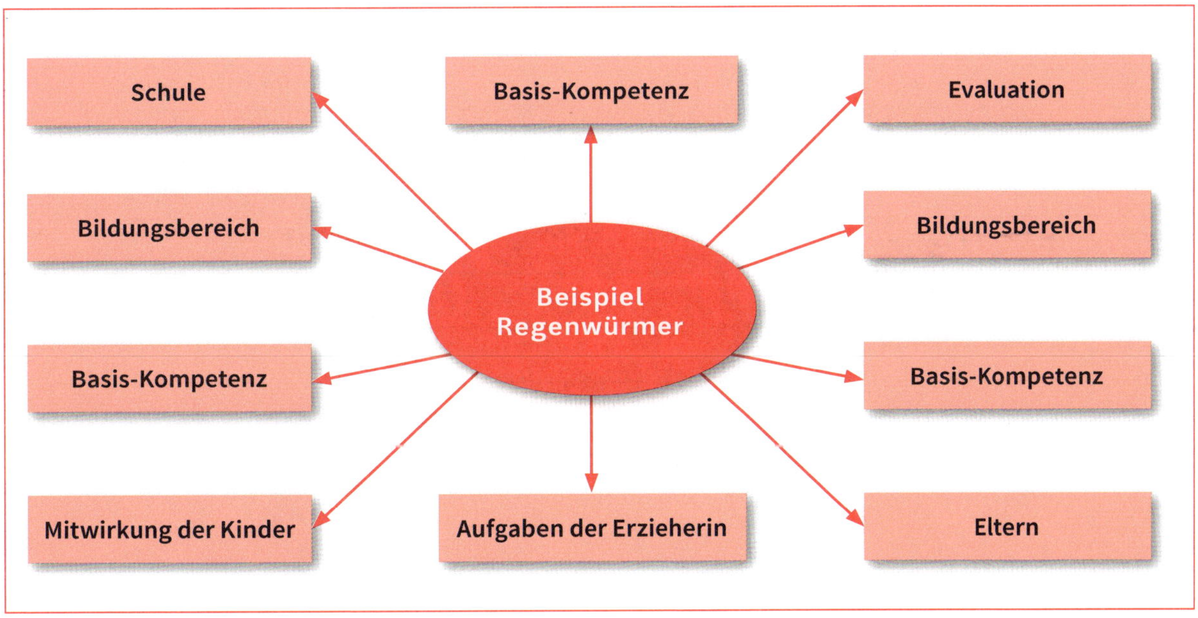

4 In einer zweiten Phase erstellen Sie nun eigene Projekt-Skizzen, die Sie auf den Bildungsplan Ihres jeweiligen Bundeslandes abstimmen. Hierfür müssen Sie unter Umständen eine andere Form der Darstellung überlegen, damit Sie Ihre Ausführungen präsentieren und einander gegenüberstellen können.

Planung + Konzeption

Im Unterschied zu Bayern ist z. B. der „Orientierungsplan für Bildung und Erziehung in baden-württembergischen Kindergärten und anderen Kindertageseinrichtungen" weniger umfangreich und mit weniger Vorgaben formuliert worden. Es werden folglich auch keine Vorschläge für konkrete Bildungsangebote gemacht. Stattdessen lassen sich vielfältige Bildungsprozesse anhand von „Kreuzungspunkten" in einer „Bildungsmatrix" entwickeln (vgl. „Kein Kinderkram!", Bd. 2, S. 42).

Auch dieser „Orientierungsplan" versteht die Bildungs- und Lernprozesse der Kinder ganzheitlich und vielschichtig. Eigentlich sollte deshalb jedes Bildungsangebot auf die gesamte „Bildungsmatrix" bezogen sein. Ebenso sollten stets die allgemeinen Grundlagen mitbedacht und formuliert werden. Das übersteigt jedoch die alltäglichen Handlungsmöglichkeiten der pädagogischen Fachkräfte in den Kindertagesstätten. Insofern bieten sich die „Kreuzungspunkte der Bildungsmatrix" sehr gut an, um Bildungsangebote unterschiedlich zu gewichten. Ebenso spiegeln dies die zahlreichen Fragen wider, die im zweiten Teil des „Orientierungsplans" für die jeweiligen Kreuzungspunkte vorgeschlagen werden.

Analyse + Bewertung

5 Vergleichen Sie abschließend im Plenum Ihre Arbeitsergebnisse. Wählen Sie hierfür eine Ihrer Projekt-Skizzen aus, und beleuchten Sie diese hinsichtlich der verschiedenen Begründungen im Bildungsplan.

Auf diese Weise verdeutlicht sich Ihnen noch einmal die Vielfalt der pädagogischen Vorüberlegungen und Anknüpfungsmöglichkeiten, welche in Ihre professionellen Planungen einfließen können.

Erkenntnisse aus den Ergebnissen

Beobachtung und Wahrnehmung – Bildungsdokumentation

1: Grundlagen der Bildungsdokumentation

→ Bd. 2 S. 44–55

Janes und Sina, zwei Kinder im Alter von vier Jahren, schauen sich gemeinsam ihre Bildungsmappen an. Sie vergleichen Bilder miteinander und erzählen sich Geschichten über Erlebnisse, die in ihren Mappen durch Bilder oder Briefe dokumentiert wurden.

Sie sind Praktikantin in dieser Gruppe und beobachten die Kinder. Wie Sie bereits wissen, werden die Bildungsmappen auch „Portfolio“ genannt. In der letzten Einrichtung, in der Sie ein Praktikum absolviert haben, gab es solche Portfolios nicht. Die Erzieherinnen haben den Entwicklungsstand der Kinder durch Ankreuzen in einem Beobachtungsbogen festgehalten, den die Stadt als Trägerin für alle ihre Kindertageseinrichtungen vorgegeben hatte.

Sie wundern sich über die Unterschiede und sprechen Ihre Praxisanleiterin, Frau Müller, darauf an. Diese informiert Sie, dass in der Bildungsvereinbarung Nordrhein-Westfalen zwar die Dokumentation von Bildung vorgeschrieben sei, nicht aber die Form. Sie liest daraus vor: „Sinnvollerweise sollte grundsätzlich eine Form gewählt werden, die für alle Adressaten aussagekräftig ist. Die Dokumentationsform, das Verfahren (was und wie wird dokumentiert) und das Ergebnis sollten im Team abgestimmt und verbindliche Regelungen hierzu getroffen werden.“

Manchmal gebe der Träger aber auch vor, was und wie dokumentiert werde.

Neben Portfolios und Ankreuzbögen gibt es auch noch andere Formen. „Welche Dokumentationsform finden Sie denn sinnvoll?“, fragt nun Ihre Praxisanleiterin. Sie nehmen sich vor, sich mit dem Thema näher auseinanderzusetzen, um Ihrer Praxisanleiterin eine Antwort geben zu können.

Welche Dokumentationsform ist die richtige?

↘ KOMPETENZEN

→ *Die Absolventinnen und Absolventen verfügen über fachtheoretisches Wissen über Beobachtungs- und Dokumentationsverfahren zur Erfassung von Entwicklungs- und Bildungsprozessen.*

Wissen + Verstehen

→ Bd. 2, S. 44 ff.

1 **a)** Lesen Sie in Einzelarbeit in „Kein Kinderkram“, Bd. 2 die Seiten 44–47, und füllen Sie die unten stehende Mindmap aus.

b) Recherchieren Sie im Internet, ergänzen Sie.

c) Tragen Sie in den leeren Kasten noch einen eigenen Aspekt zum Thema ein.

d) Vergleichen Sie die Arbeitsergebnisse mit denen Ihrer Tischnachbarin.

e) Tragen Sie im Plenum zusammen.

Bildungsdokumentation

Formen der Bildungsdokumentation

Chancen der Erstellung einer Bildungsdokumentation

Regelkreis pädagogischer Handlungsschritte

Ziele der Bildungsdokumentation (Warum überhaupt dokumentieren?)

Gesetzliche Grundlagen

Adressaten der Bildungsdokumentation

2 Planen Sie ein Interview in Ihrer Praktikumsstelle zum Thema Bildungsdokumentation. Finden Sie auch noch weitere Fragen, die Sie interessieren.

Planung + Konzeption

→ Was wird dokumentiert?
→ Welche Form der Dokumentation wird verwendet und warum?
→ Wie wird konkret vorgegangen?
→ Welche Vor- bzw. Nachteile hat diese Dokumentationsform?
→ Welche Schlussfolgerungen werden aus der Bildungsdokumentation jedes einzelnen Kindes gezogen?
→ Was passiert nach der Kindergartenzeit damit?
→ Welche Form der Dokumentation ermöglicht die Partizipation der Kinder?

Querschnittsaufgabe: Partizipation

→ ______________________________
→ ______________________________
→ ______________________________

3 Führen Sie das Interview durch, und machen Sie sich Notizen zu den Fragen. Bringen Sie ein Exemplar der Bildungsdokumentation eines Kindes zur Ansicht mit in den Unterricht.

4 Bilden Sie Gruppen zu den unterschiedlichen Dokumentationsformen. Planen Sie eine Präsentation, fassen Sie als Vorbereitung die Ergebnisse der verschiedenen Interviews zusammen.

Planung + Konzeption

Kurze Beschreibung der Dokumentationsform	
Vorteile	
Nachteile	
Schlussfolgerungen aus der Bildungsdokumentation	

a) Präsentieren Sie Ihre Ergebnisse anschaulich.

b) Diskutieren Sie im Plenum: Für welche Form der Dokumentation würden Sie sich zukünftig entscheiden, wenn Sie auswählen dürften und warum?

Analyse + Bewertung

c) Formulieren Sie schriftlich jeder für sich eine Antwort für die Praxisanleiterin Frau Müller aus dem Fallbeispiel.

Reflexion

→ *Bd. 2, S. 50–52*

2: Entwicklungsportfolios

Sie schauen sich mit Janes und Sina gemeinsam deren Bildungsmappen an. Die Mappen sind schon ziemlich dick, und Sie sind gespannt, was darin alles enthalten ist. Sie überlegen, dass das viel Arbeit für die Erzieherin sein muss und fragen sich, wie sie wohl vorgeht. Da ergibt sich folgendes Gespräch:

Janes fragt: „Wo wurde das Bild gemacht?" Sie antworten: „Ich weiß nicht. Da bist du noch ganz klein!" Sina weiß es und zeigt auf ihr Foto am selben Ort. „Wie war das da denn noch mal?" Sie lesen den Begleittext vor, der neben den Bildern steht. Die Kinder hatten sich im damaligen Rollenspielbereich bunte Tücher umgehängt und waren so in verschiedene Rollen geschlüpft.

„Heute kann ich mich schon alleine anziehen. Hier, sieh mal das Bild: Da bin ich Polizist. Die Kelle habe ich selbst gebastelt – das war ganz schön schwer." Sie fragen nach: „Was war denn daran so schwer? Erzähl mal, wie du das gemacht hast." Janes erklärt es Ihnen. Sie erkennen: „Hier hast du selbst einen Polizisten gemalt – sogar mit Pistole und Handschellen und einer Mütze auf dem Kopf."

Sina schaltet sich ein: „Ich will mir auch Sachen zum Verkleiden basteln. Ich möchte Ärztin sein. Und zu Hause hat meine Mama eine Kiste mit soo vielen schönen Sachen drin."

Ihnen fällt auf, dass beide Kinder schon seit längerer Zeit Interesse daran zeigen, sich zu verkleiden. Dabei probieren sie sich bevorzugt in verschiedenen Berufsverkleidungen aus. Sie überlegen, wie Sie dieses Interesse aufgreifen können. Sie machen sich kurz einige Notizen …

Entwicklung entdecken

↘ KOMPETENZEN

- → *Die Absolventinnen verfügen über Fertigkeiten, Kinder in ihrer Individualität und Persönlichkeit als Subjekte in der pädagogischen Arbeit wahrzunehmen, einzuschätzen und in ihrer Kompetenzerweiterung zu unterstützen.*
- → *Die Absolventinnen verfügen über fachtheoretisches Wissen über Beobachtungs- und Dokumentationsverfahren zur Erfassung von Entwicklungs- und Bildungsprozessen.*
- → *Die Absolventinnen verfügen über Fertigkeiten, ausgewählte Beobachtungsverfahren zur Dokumentation des Bildungsprozesses bzw. des Entwicklungsstandes oder der Lernvoraussetzungen des Kindes zu planen, anzuwenden und auszuwerten.*

Wissen + Verstehen

→ *Bd. 2, S. 50–52*

Querschnittsaufgabe: Partizipation

1 **a)** Lesen Sie für sich in „Kein Kinderkram", Bd. 2, S. 50–52 (Lernfeld 4, Kap. 5.7).

b) Beantworten Sie anhand der Textinhalte die folgenden Fragen, und halten Sie Ihre Erkenntnisse stichwortartig in der Tabelle auf der nächsten Seite fest.

Ergänzen Sie eigene Kenntnisse und Erfahrungen ebenso wie eventuelle Aussagen von Praxisanleiterinnen und anderen Fachkräften, die mit Portfolios arbeiten (vgl. auch vorheriger Impuls).

- → Welche **Ziele** verfolgen Fachkräfte bei der Portfolio-Arbeit?
- → Welche **Vorteile** hat die Dokumentation durch Portfolios?
- → Welche **Kompetenzen** benötige ich als Erzieherin?
- → Welche **Vorgaben** gibt es bei der Erstellung von Portfolios?
- → Welche **organisatorischen** Aspekte sind zu beachten? Welche Materialien benötige ich?
- → Was kommt **nach** dem Portfolio? Wie kann ich anhand von Portfolios die bisherige Bildungsarbeit reflektieren und die weitere Arbeit planen?

PORTFOLIO-ARBEIT

Ziele	Vorteile	Kompetenzen Fachkraft	Vorgaben	Organisatorisches	Reflexion/Planung

c) Tauschen Sie sich mit zwei bis drei Studierenden aus, die ebenfalls die Erarbeitung beendet haben. Formulieren Sie noch offene Fragen.

d) Fassen Sie im Plenum Ihre Ergebnisse auf einer großen Wandzeitung zusammen.

Ergänzen Sie gegebenenfalls Ihre Tabelle.

Klären Sie noch offene Fragen.

Analyse + Bewertung

2 **a)** Wenn Sie Ihr Praktikum in einer Einrichtung absolvieren, in der mit Portfolios gearbeitet wird, fragen Sie nach, ob Sie ein bis zwei Exemplare ausleihen und mit in den Unterricht bringen dürfen. Sobald Sie in Ihrer Klasse einige Portfolios vorliegen haben, können Sie die folgenden Aufgaben in Partner- und Gruppenarbeit erledigen. Sollte dies nicht möglich sein, bearbeiten Sie die Aufgaben soweit es geht in der Praxis in Einzelarbeit.

b) Bewerten Sie in Einzelarbeit, welche Aspekte Sie für gelungen oder nicht gelungen halten. Begründen Sie Ihre Ansichten in Stichworten anhand der zuvor erarbeiteten Kriterien.

c) Tauschen Sie sich mit einer Partnerin Ihrer Wahl aus. Diskutieren Sie ähnliche und unterschiedliche Meinungen.

d) Setzen Sie sich mit einem weiteren Paar zu einer Vierergruppe zusammen, und tauschen Sie erneut Ihre Ansichten aus. Erstellen Sie anschließend gemeinsam Kriterien für ein gelungenes Portfolio auf Moderationskarten.

e) Vergleichen Sie in einer Achtergruppe die Karten. Einigen Sie sich, welche davon im Plenum vorgestellt werden sollen.

f) Erstellen Sie im Plenum einen Kriterienkatalog. Überarbeiten Sie gegebenenfalls Ihre obigen Kriterien.

g) Fassen Sie für sich nach der Plenumsdiskussion zusammen, was Ihnen wichtig erscheint und worauf Sie persönlich bei einer Portfolio-Erstellung achten würden.

Reflexion

3 Welche Bilder, Fotos, Aussagen u. a. eignen sich für die Aufnahme in ein Portfolio?

Analyse + Bewertung

Der Einsatz von Fotografien bei der Beobachtung und Dokumentation

Fotografien, Video- und Audioaufnahmen zeigen Aktivitäten der Kinder und Bildungspraxis direkt und vielseitig. Visuelle Aufnahmen haben den Vorteil, dass nonverbale Kommunikation, Mimik und Gestik festgehalten werden können. Bei auditiven Aufnahmen kann die Sprache der Kinder und der emotionale Ausdruck dieser Sprache festgehalten werden. Diese besonderen Beobachtungsformen sind deshalb ein wichtiger Bestandteil der Dokumentation. Zudem benutzen Kinder Aufnahmegeräte zur Dokumentation (z. B. während der Projektdurchführung). […]

Aufnahmen sind gezielt einzusetzen: Fachkräfte sollten reflektieren, ob das, was sie aufnehmen, Lern- und Entwicklungsprozesse darstellt und ob die Ereignisse bedeutsam für das Kind sind. Ethische Überlegungen sind zu bedenken: Kinder werden zuerst gefragt, ob sie aufgenommen werden möchten. Wenn ein Kind dies zu einem bestimmten Zeitpunkt nicht möchte, wird sein Wille respektiert. Es ist wichtig, darauf zu achten, dass die Aktivität der Kinder durch die Aufnahmen nicht gestört wird. Ziel ist es, Kind und Situation durch Aufnahmen so darzustellen, dass authentische Aktivität gezeigt werden kann. Anfangs werden möglicherweise einige Kinder bei Aufnahmen schüchtern reagieren, oder aber sie wollen besonders oft aufgenommen werden […]

Es kann dazu kommen, dass Kinder die Tätigkeit, die gerade dokumentiert wird, unterbrechen und es zu ‚gestellten' Aufnahmen kommt. Die Erfahrung zeigt, dass sich Kinder schnell an diese besondere Form der Beobachtung gewöhnen. Grundsätzlich gilt es, Aufnahmesituationen so zu gestalten, dass die Kinder in ihrem Selbstbewusstsein gestärkt werden. Daher ist es zu vermeiden, dass sich Kinder durch die Aufnahmen verunsichert oder unwohl fühlen. Kinder werden mit der Zeit merken, dass Aufnahmen eine Möglichkeit sind, besondere Situationen festzuhalten. Wenn sie darum bitten, bestimmte Dinge festzuhalten […], sollten Fachkräfte diese Bitte ernst nehmen: Das Kind hat möglicherweise soeben ein für es selbst wichtiges Ereignis wahrgenommen und möchte dies nun festhalten. Aufnahmen können auch durch die Kinder selbst entstehen. […] So dokumentieren sie aus ihrer Perspektive heraus, was sie machen und erleben. […] Nahaufnahmen und Aufnahmen von Gesichtern bieten sich an, damit Gefühle erkannt werden können. Aussagen der Kinder zu fotografierten Situationen können durch die Fachkraft schriftlich festgehalten werden. *(Fthenakis, 2009, S. 86–87)*

Wissen + Verstehen

a) Was muss auf einem Bild zu sehen sein bzw. deutlich werden, damit Bildung, Lernen, Entwicklung sowie die Persönlichkeit des Kindes erkennbar werden? Berücksichtigen Sie den Text von W. E. Fthenakis, 2009, S. 86–88.

Analyse + Bewertung

b) Beurteilen Sie die Fotos in Bezug auf ihre Eignung für ein Portfolio. Tragen Sie fachliche Begründungen jeweils in die linke Spalte ein.

Fachliche Begründung	Kommentar	Kommentar
1		
2		
3		
4		
5		
6		
7		
8		
9		

Fachliche Begründung	Kommentar	Kommentar
10		
11		
12		
13		

c) Reichen Sie in einer Dreiergruppe die Begründungen jeweils an das linke Gruppenmitglied, lesen Sie die Anmerkungen und kommentieren Sie sie in der rechten Spalte. Dann geben Sie die Begründungen weiter nach links und verfahren ebenso.

d) Wenn Sie wieder Ihre eigenen Begründungen vorliegen haben, lesen Sie die Kommentare und besprechen Sie untereinander eventuelle Unklarheiten und Fragen.

Analyse + Bewertung

e) Ziehen Sie ein gemeinsames Fazit, das Sie anschließend im Plenum vorstellen.

Planung + Konzeption

4 **a)** Erstellen Sie jede für sich einen Begleittext neben dem Foto, wie er in einem Portfolio stehen könnte.

Analyse + Bewertung

b) Vergleichen Sie mögliche Textvorschläge, und diskutieren Sie Gemeinsamkeiten sowie Unterschiede.

c) Reflektieren Sie, was sich Einzelne bei der Formulierung gedacht haben.

Welche Wirkung erzielen die Begleittexte beim Betrachter?

Welche Bedeutung können die Texte für das Kind haben?

Planung + Konzeption

Querschnittsaufgabe: Sprachbildung und Partizipation

5 **a)** Betrachten Sie ein Portfolio Ihrer Wahl: Entwickeln Sie mögliche Fragen, die Sie dem Kind zu seinem Portfolio, zu bestimmten Werken oder Bildern stellen könnten, um mit ihm in einen Dialog über seine Entwicklung zu geraten und daraus Ihre weitere pädagogische Arbeit planen zu können.

? ____

? ____

? ____

? ____

? ____

? ____

? ____

? ____

? ____

? ____

b) Erstellen Sie eine Sammlung aller Fragen im Plenum und lassen Sie diese für alle Mitglieder kopieren.

Planung + Konzeption

6 Notieren Sie erste Ideen, die sich anhand der Bilder für die weitere Bildungsarbeit anbieten.

→ Bd. 2, S. 44 ff.

3: Konsequenzen für das pädagogische Handeln aus der Bildungsdokumentation ableiten

Ihre Praxisanleiterin Frau Müller zeigt Ihnen während Ihres Praktikums die beiden neuen Seiten, die sie gerade für das Portfolio von Lukas, einem 8-jährigen Hortkind, und Jakob, einem 3-jährigen Kind aus der U3-Gruppe, erstellt hat.

Sie überlegen sich, welche Schlussfolgerungen Sie für Ihr pädagogisches Handeln in der nächsten Zeit ziehen können …

Hallo Lukas!

Nun bist du schon ein „Zweitklässler".

Im Hort erledigst du deine Hausaufgaben schnell und selbstständig. Du musst noch gründlicher und ordentlicher dabei sein. Du spielst am liebsten mit Johannes, Leon, Steffen, Murat und Lucca. Dein Lieblingsspiel ist nach wie vor Fußball. Dafür trainierst du auch regelmäßig im Verein.

Wenn wir im Raum spielen, nimmst du gern Bausteine oder Bücher. Spielen wir gemeinsam Kreis-, Brett- oder andere Spiele, so machst du gern mit. Die Regeln verstehst du schnell.

Wir Erzieher wünschen uns, dass du uns besser zuhörst.

Frau Reinders

Ein schöner Tag …17. August 2017

Hallo Jakob!

Du warst heute von den Steinen fasziniert … Nach und nach hast du welche gefunden, und wir alle sollten sie sehen :)

Wir haben sie bei den Strolchen aufbewahrt: Sie sind schön und interessant.

Danach hast du „bis zum Himmel" hoch geschaukelt, hast gute Laune gehabt und das tolle Wetter genossen …

↘ KOMPETENZEN

- → *Die Absolventinnen und Absolventen verfügen über Fertigkeiten, Kinder in ihrer Individualität und Persönlichkeit als Subjekte in der pädagogischen Arbeit wahrzunehmen, einzuschätzen und in ihrer Kompetenzerweiterung zu unterstützen.*
- → *Die Absolventinnen verfügen über Fertigkeiten, Entwicklungsverläufe und Sozialisationsprozesse fallbezogen zu analysieren, zu beurteilen und unter Beachtung der wesentlichen Bedingungsfaktoren des Verhaltens, Erlebens und Lernens entwicklungs- und bildungsförderliche pädagogische Prozesse selbstständig zu planen und zu gestalten.*
- → *Die Absolventinnen verfügen über Fertigkeiten, in ihrer Bildungsarbeit Interessen und Neigungen ihrer Zielgruppe ernst zu nehmen und Bildungsprozesse sowie Kompetenzerwerb konzeptgeleitet zu fördern.*
- → *Die Absolventinnen verfügen über Fertigkeiten, Gespräche mit Eltern und anderen Bezugspersonen methodengeleitet und partizipativ durchzuführen.*

1 Lesen Sie die beiden Zitate aus der Bildungsvereinbarung NRW und formulieren Sie die Kernaussage noch einmal in eigenen Worten.

Wissen + Verstehen

„Für die Planung, Durchführung und Gestaltung individueller Lern- und Bildungsprozesse ist das Erfassen der Voraussetzungen und das Beobachten und Beurteilen der Fähigkeiten jedes einzelnen Kindes eine wichtige Grundlage. Jede Beobachtung ist nur so gut, wie sie Konsequenzen ermöglicht, die anschließend in pädagogisches und didaktisch-methodisches Handeln einfließen." *(Bildungsvereinbarung NRW, S. 98)*

„Die Bildungsdokumentation dient den Fachkräften in Kindertageseinrichtungen als Grundlage für die Bildungsbegleitung des Kindes und ihr pädagogisches Handeln. Sie verdeutlicht, womit ein Kind sich gerade beschäftigt, welches seine Lieblingsspiele und -themen sind, seine Stärken, Interessen, Aktivitäten und Herausforderungen. Auf dieser Basis kann eine den individuellen Bedürfnissen des Kindes entsprechende Bildungsbegleitung und Förderung entwickelt werden." *(Bildungsvereinbarung NRW, S. 100)*

2 Betrachten Sie jeweils die Ausschnitte aus dem Portfolio der beiden Kinder in der Einstiegssituation. Welche Ressourcen können Sie erkennen? Wo sehen Sie Entwicklungsbedarf?

Analyse + Bewertung

Analyse + Bewertung

3 Wählen Sie am nächsten Praktikumstag zusammen mit Ihrer Praxisanleiterin die Bildungsdokumentation eines Kindes aus.

Halten Sie tabellarisch fest, wo Sie Interessen/Vorlieben, Ressourcen, Entwicklungsbedarf sehen.

Interessen/Vorlieben	Ressourcen	Entwicklungsbedarf

Weitere Bemerkungen

Planung + Konzeption

4 Planen Sie auf dieser Grundlage Maßnahmen der Bildungsbegleitung und -förderung für das ausgewählte Kind.

Zielformulierung

Angebote/Impulse in Einzelsituationen

Angebote/Impulse in der Kleingruppe

____

____

____

____

____

____

Angebote/Impulse in der Gesamtgruppe

____

____

____

____

____

____

Materialausstattung/Raumgestaltung/Tagesablauf

____

____

____

____

____

____

Erzieher/innen-Verhalten

____

____

____

____

____

____

5 Bilden Sie Dreiergruppen.

a) Beschreiben Sie nun zunächst jeder nacheinander das von Ihnen ausgewählte Kind.

b) Geben Sie dann die unter 2 und 3 gemachten Ausführungen zum Entwicklungsbedarf und den geplanten Bildungsmaßnahmen **einmal** im Uhrzeigersinn weiter.

c) Schreiben Sie Fragen, Anmerkungen, Ergänzungen und weitere Maßnahmen zur Bildungsbegleitung an den Rand. Jedes Gruppenmitglied wählt dazu einen andersfarbigen Stift aus.

d) Wiederholen Sie den Vorgang, bis Ihre Aufzeichnungen wieder bei Ihnen angekommen sind.

e) Lesen und besprechen Sie die gemachten Anmerkungen.

f) Welche Maßnahmen wollen Sie im nächsten Praktikum konkret umsetzen? Beziehen Sie das Kind bei der Auswahl mit ein.

Querschnittsaufgabe: Partizipation

Reflexion

6 Ziehen Sie für sich selber Schlussfolgerungen: Wenn Sie die geplanten Maßnahmen bei dem von Ihnen ausgewählten Kind durchführen wollten, welche Sachkompetenzen, Fähigkeiten und Fertigkeiten müssten Sie sich noch aneignen? Was müssen Sie sich noch „einverleiben"?

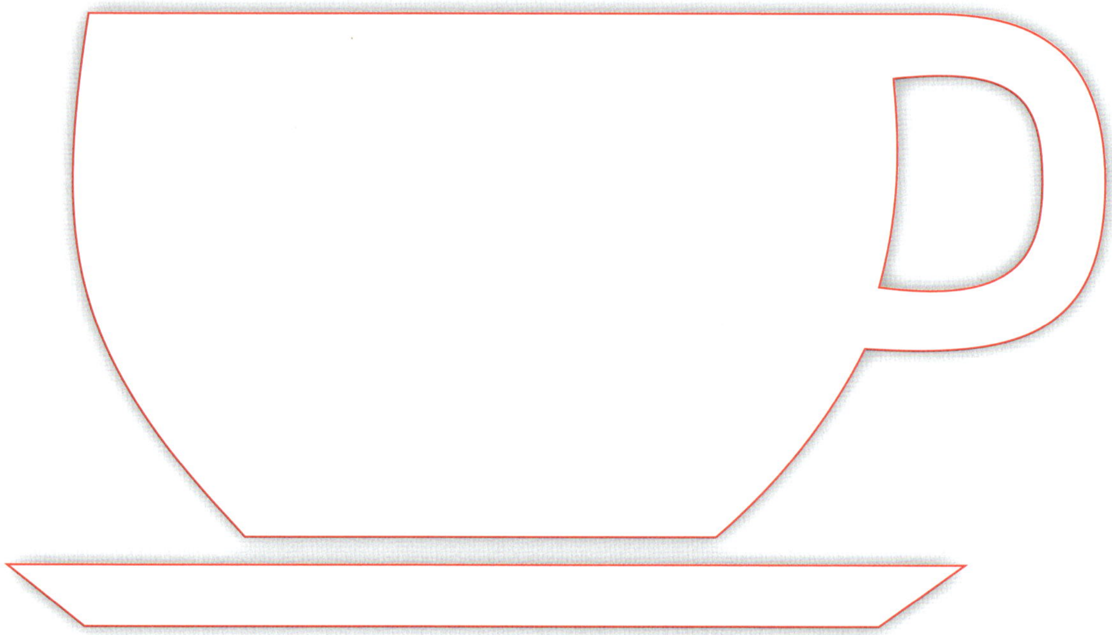

Planung + Konzeption

7 Planen Sie zusammen mit Ihrer Praxisanleiterin ein Entwicklungsgespräch mit den Eltern des von Ihnen ausgewählten Kindes.

→ *Bd. 2, S. 452–459*

HINWEIS

Vorbereitung und Ablauf des Entwicklungsgespräches bestehen aus folgenden Punkten:

- → die Einladung der Eltern zum Entwicklungsgespräch
- → die Vorbereitung von Raum und Gesprächsatmosphäre
- → Beginn des Gesprächs und weiterer Gesprächsverlauf
- → Austausch über das aktuelle Erleben des Kindes
- → gegebenenfalls notwenige Absprachen
- → Abschluss des Gesprächs

Reflexion

8 Führen Sie zusammen mit Ihrer Praxisanleiterin das Entwicklungsgespräch durch. Reflektieren Sie im Anschluss, inwieweit das Gespräch gelungen ist bzw. auf was Sie in Zukunft achten wollen, wenn Sie ein solches Gespräch allein führen müssen.

Bildungs- und Lebensräume schaffen

1: Raumgestaltung in Kindertageseinrichtungen

→ Bd. 2, S. 59 ff.

Es waren lange und kontroverse Diskussionen im Team gewesen. Aber am Ende stand die Entscheidung: In der Kita, in der Sie gerade ein Praktikum absolvieren, sollen in Zukunft auch Plätze für Krippenkinder entstehen. Dabei war die Idee gar nicht aus dem Team selbst gekommen. Der Träger, ein größerer Wohlfahrtsverband, der etliche Kindertageseinrichtungen in der Region betreibt, hatte die Leiterin beauftragt, diese Möglichkeit für ihre Kita zu prüfen.

Bislang war die Kita eine Einrichtung im Elementarbereich, ausschließlich für Kinder ab drei Jahren. Die Räume und Einrichtungen, auch das Außengelände, waren auf diese Zielgruppe ausgerichtet. Die Kinder fühlten sich wohl hier, Erzieherinnen und Eltern auch.

Als Sie am Tag nach der Entscheidung durch die Einrichtung gehen, betrachten Sie die Räume plötzlich mit anderen Augen: Wie sollen sich hier Krippenkinder wohlfühlen? Was wird sich für die Elementarkinder verändern?

↘ KOMPETENZEN

- → *Die Absolventinnen und Absolventen verfügen über ein fachtheoretisch vertieftes Wissen zu den Faktoren, Aufgaben und Prozessen der Entwicklung in den verschiedenen Lebensphasen.*
- → *Die Absolventinnen und Absolventen verfügen über Fertigkeiten, didaktisch-methodische Konzepte bei der Planung von Lernumgebungen und Bildungssituationen in den verschiedenen Bildungsbereichen für Kinder begründet einzusetzen.*
- → *Die Absolventinnen und Absolventen verfügen über Fertigkeiten, die demokratischen Beteiligungs- und Mitwirkungsrechte von Kindern umzusetzen.*

1 Die Diskussion

Analyse + Bewertung

a) Lesen Sie die Einstiegssituation und stellen Sie sich die Diskussion vor, die im oben beschriebenen Team stattgefunden haben könnte. Welche Argumente für oder gegen die mögliche Veränderung könnten die Kolleginnen genannt haben?

	PRO *„Ja, wir sollten unsere Kita so umgestalten, dass wir demnächst auch Krippenkinder aufnehmen könnten."*	CONTRA *„Nein, wir sollten eine Einrichtung nur für Elementarkinder bleiben."*
Argument 1		
Argument 2		
Argument 3		
Argument 4		
Argument 5		

b) Vergleichen Sie in Vierergruppen Ihre Ergebnisse, und wählen Sie die wichtigsten drei Argumente für die Pro- und Contra-Seite aus.

	PRO „Ja, wir sollten unsere Kita so umgestalten, dass wir demnächst auch Krippenkinder aufnehmen könnten."	CONTRA „Nein, wir sollten eine Einrichtung nur für Elementarkinder bleiben."
Argument 1		
Argument 2		
Argument 3		

c) Stellen Sie sich in der Großgruppe Ihre Argumente vor, und diskutieren Sie die Frage im Plenum.

d) Welche Fragen und Sachverhalte müssen aus Ihrer Sicht geklärt werden, um eine solche Entscheidung fachlich fundiert treffen zu können?

____

____

____

____

____

____

Reflexion

2 „Meine Räume"

Suchen Sie sich in Ihrer Lerngruppe eine Gesprächspartnerin, die Sie nicht so gut kennen. Tauschen Sie sich über folgende Fragen aus:

a) An welche Räume aus meiner Kindheit kann ich mich gut erinnern? Welche haben mir Sicherheit und Geborgenheit vermittelt? Welche haben mich neugierig gemacht und mich angeregt?

b) Welche Räume oder Orte waren in meiner Jugendzeit für mich wichtig? Welche Qualitäten hatten sie?

c) Was ist mein Lieblingsplatz in der Kita, in der ich mein letztes Praktikum absolviert habe? Was genau gefällt mir an diesem Platz?

d) Welche Bedeutung haben meine persönlichen Erfahrungen mit Räumen für den fachlichen Blick auf die Raumgestaltung in pädagogischen Einrichtungen heute?

Alternativ: Sie können jede Frage mit einer anderen Gesprächspartnerin besprechen oder sie für sich persönlich beantworten.

Wissen + Verstehen

3 Die Bedeutung der Raumgestaltung in der Kita

→ Bd. 1, S. 323 f.

a) Dass die Raumgestaltung einen wesentlichen Einfluss auf die Arbeit hat, wird in vielen pädagogischen Ansätzen berücksichtigt.
Ausdrücklich formuliert wurde dieser Sachverhalt in der Reggio-Pädagogik: Hier spricht man davon, dass der Raum "der dritte Erzieher" sei.
Welches sind wesentliche Bestandteile der Raumgestaltung in der Reggio-Pädagogik?
Nutzen Sie dafür in „Kein Kinderkram!", Bd. 1, Lernfeld 2 das Kap. 10.6.4 und weitergehende Quellen.

Raumgestaltungselement in der Reggio-Pädagogik	Begründung
„Piazza"	Bedeutung
Architektonisches Grundkonzept: In der Mitte der Einrichtung gibt es einen großen Raum – von hier gelangt man in alle anderen Räume.	*Die „Piazza" ist der soziale Mittelpunkt der Reggio-Einrichtung. ...*

b)

> „Wenn man Kinder als Wesen betrachtet, die aktiv ihre Welt erforschen und nicht darauf warten, belehrt zu werden, dann ist es wichtig, in welchen Räumen sie leben. Denn von ihnen hängt es ab, ob die vom Kind ausgehende Aktivität, unabhängig von anderen Personen, ein lohnendes Ziel findet. Räume sind erste Erzieher, weil sie auch da sind, wenn Menschen nicht da sind, und konkrete Erfahrungen ermöglichen." *(Schäfer: Der Raum als erster Erzieher, in: TPS01/2005, S. 6)*

Analyse + Bewertung

Querschnittsaufgaben: Partizipation, Inklusion

Vergleichen und diskutieren Sie die beiden Ansätze vom Raum als dem „dritten Erzieher" in der Reggio-Pädagogik und dem Raum als dem „ersten Erzieher", von dem der Erziehungswissenschaftler Gerd Schäfer spricht. Formulieren Sie eine eigene Position zur Bedeutung des Raumes. Beachten Sie die Querschnittsaufgaben.

______

______

______

______

______

______

c) Wer Räume kindgerecht gestalten will, tut gut daran, die Kita-Räume einmal aus Sicht der Kinder zu denken. Wie sehen und erleben sie den Eingangsbereich, die Gruppenräume, das Außengelände? Wo halten sie sich gerne auf? Für welche Bedürfnisse finden sie wo einen Platz?
Folgende Erkundungsfragen sind dazu hilfreich. Sie können diese Fragen für sich allein beantworten oder sie als Interviewfragen für eine Übung zu zweit nutzen.

Analyse + Bewertung

Ankommen:

- In was für eine Welt tritt das Kind ein, wenn es in die Einrichtung kommt?
- Wie wird es in Empfang genommen?
- Wie kann es sich orientieren, welche Wegweiser gibt es?
- Ist Raum für seine Eltern?

[...]

Sich heimisch fühlen:

- Was gehört dem Kind in der Einrichtung? Was hat es für sich allein?
- Wo hat es (s)einen Platz?
- Gibt es Nischen und Ecken, die sich gut eignen für ungestörtes Spiel zu zweit?

[...]

Ausruhen und Entspannen:

- Kann jedes Kind jederzeit einen passenden Platz finden, wenn es eine Pause machen oder sich ausruhen möchte?
- Weiß das Kind, wo es (s)einen Schlafplatz hat?
- Kann jedes Kind sich nach seinem Körpergefühl richten und entscheiden, in welchem Rhythmus es aktiv ist und sich ausruht?

Aktiv sein:

- Kann das Kind in den Räumen überblicken, welche Möglichkeiten es ergreifen könnte?
- Ist Material in seiner Reichweite?
- Können die Kinder Möbel und Material anders verwenden als (von Erwachsenen) gedacht?
- Gibt es (genügend) Raum für Bewegung?

[...]“

Literaturtipp: Diese und weitere Erkundungsfragen finden sich bei Kornelia Schneider im Artikel „Raum für mich und meine Gefährten – Kita-Räume aus Sicht der Kinder denken und gestalten", in: TPS 5/2013, S. 8.

4 Raumgestaltung für Kinder unter drei Jahren

So wie „Krippenpädagogik" als eigenständige Pädagogik betrachtet werden kann, braucht auch der Blick auf die Raumgestaltung für Kinder unter drei Jahren ein spezielles Fachwissen. Die Abhängigkeit der Kleinsten von der Aufmerksamkeit und Unterstützung Erwachsener kann leicht als Hilflosigkeit gedeutet werden. Dann aber besteht die Gefahr, die Kinder in diesen besonders lernsensiblen Phasen in ihrem selbstständigen Handeln zu behindern.
Die Ansprüche an die Gestaltung von Räumen für Kinder unter drei Jahren sind deswegen besonders hoch: Sie müssen den Notwendigkeiten von Sicherheit und Schutz vor Gefahren ebenso Rechnung tragen wie der Eigenaktivität und dem größtmöglichen Erlebnis- und Handlungsspielraum der Kinder.

a) Für die Gestaltung von Einrichtungen für Kinder unter drei Jahren sind inzwischen viele spezielle Ausstattungselemente entwickelt worden, z. B. modellierte Bodenflächen, flache Podeste bis hin zu Landschaften aus verschiedenen Ebenen, Waschrinnen, Spiegel und Höhlen und vieles mehr.

Wissen + Verstehen

Besuchen Sie eine relativ junge Krippeneinrichtung in Ihrer Nähe, und lassen Sie sich dort die besondere Ausstattung erklären. Machen Sie Fotos, und bringen Sie diese mit in den Unterricht. Tauschen Sie sich über Ihre Erfahrungen aus.
Alternativ können Sie sich von Ihren eigenen bisherigen Praxiserfahrungen berichten, wenn einige aus der Gruppe bereits in einer Krippe gearbeitet haben.
Ergänzend können Sie aktuelle Literatur heranziehen (s. Tipps zum Weiterlesen am Ende dieses Kapitels).

b) Folgende Prinzipien sind bei der Raumgestaltung für Kinder unter drei Jahren wichtig:

Analyse + Bewertung

- → Orientierung
- → Sicherheit/Geborgenheit
- → Begegnung
- → Eigenaktivität
- → Rückzug/Entspannung
- → Grenzerfahrung und Risiko
- → Sinnesreize
- → Probleme und Komplexität

Prüfen Sie die Ausstattung der besuchten oder bereits bekannten Einrichtungen hinsichtlich dieser Prinzipien. Mit welchen Gestaltungselementen kann welches Prinzip erfüllt werden?
Stellen Sie drei Gestaltungselemente vor, die Sie besonders überzeugt haben, und erläutern Sie deren Qualitäten für das Erleben und Lernen der Krippenkinder.

Querschnittsaufgaben: Partizipation, Inklusion, Wertevermittlung

1. ______________________________

2. ______________________________

3. ______________________________

Planung + Konzeption

5 Gestaltung des Außengeländes

a) Entwerfen Sie in Gruppen von drei bis fünf Personen ein Außengelände für eine Kindertageseinrichtung, in dem sich Kinder von ein bis sechs Jahren aufhalten können.
Nutzen Sie dafür ein großes Blatt (mindestens DIN- A1), und zeichnen Sie einen Geländeplan.
Bedenken Sie folgende Aspekte:

- → Sicherheit
- → sinnliche Wahrnehmung
- → alters- bzw. entwicklungsgemäße Angebote
- → vielfältige Bewegungsanreize
- → Bildungsgelegenheiten
- → Entspannung

Analyse + Bewertung

b) Stellen Sie sich Ihre unterschiedlichen Entwürfe in der Gruppe vor. Geben Sie ein Feedback vor allem zu den Elementen, die Sie besonders gelungen finden.

Reflexion

c)

> „Wir sind kein Spielplatz! Wir sind eine Kita und bieten Erfahrungsraum im Freien! Deshalb gibt es bei uns keine Fahrzeuge, keine Rutsche, kein Klettergestell!", argumentiert Edeltraud Prokop, die jahrelange Leiterin der Städtischen Kinderkrippe Felicitas-Füss-Straße in München. Unterschiedliche Bodenflächen, bewachsen, unbewachsen, gepflastert, mal lehmiger, mal sandiger Untergrund, dann Gruben, eine Hügellandschaft, ein Wasserlauf, Findlinge, Lauben, Hütten, Steinbänke und Büsche – Vielfältiges zu tun, zu denken und zu planen – bewusst so geschaffen in einem relativ kleinen städtischen Areal, das nicht durch Fahrzeugstrecken noch kleiner werden sollte. [...]" *(Haug-Schnabel: Raumgestaltung als verantwortungsvolle Aufgabe, in: KiTa Aktuell, ND 3-2016)*

Querschnitts-aufgabe: Wertevermittlung

Diskutieren Sie den hier vorgestellten Gedanken eines spielzeugfreien Außengeländes, und sammeln Sie weitergehende Informationen zu diesem Konzept.

6 Kinder gestalten mit?!

→ Bd. 2, S. 78 ff.

Planung + Konzeption

Erinnern Sie sich an die Einstiegssituation: Eine bestehende Einrichtung plant eine konzeptionelle Veränderung von einer reinen Elementareinrichtung zu einer gemischten Nutzung mit Krippen- und Elementarkindern, die mit massiven räumlichen Veränderungen verbunden sein wird.

a) Was könnten die jetzigen „Hauptnutzer", die Kinder zwischen drei und sechs Jahren, möglicherweise darüber denken?

Analyse + Bewertung

b) Wie bewerten Sie diese fiktiven Gedanken der Kinder? Welche fachlichen Schlüsse ziehen Sie daraus für den anstehenden Veränderungsprozess?

Wenn wir die Räume verändern, sollten wir im Blick auf die drei- bis sechsjährigen Kinder aus meiner Sicht bedenken, ...

→ ______________________________

____

→ ______________________________

____

→ ______________________________

____

Querschnitts-aufgabe: Partizipation

c) Planen Sie ein methodisch-didaktisches Beteiligungsverfahren, das dem Alter und den Bedürfnissen der Kinder gerecht wird.
Sprechen Sie mit Ihrer Anleiterin oder den Kolleginnen aus der Praxis über Beteiligungsmöglichkeiten von Elementarkindern bei Fragen der Raumgestaltung.

TIPPS ZUM WEITERLESEN: →→

Aufsätze:

→ Weiß, Ute/Strotkötter, Ilse-Marie: Architektur und Raum – mit Innenräumen den pädagogischen Alltag gestalten. *Zugriff unter: www.kita-fachtexte.de [08.10.2016]*

→ Schneider, Kornelia: Raum für mich und meine Gefährten – Kita-Räume aus Sicht der Kinder denken und gestalten, In: TPS 05/2013, S. 6–9

→ Schäfer, Gerd E. (2005): Der Raum als erster Erzieher. Konkrete Erfahrungen sind Voraussetzungen für symbolisches Denken. In: TPS (1), S. 6–9

→ Bodenburg, Inga: Raum für Entwicklung – Ausstattungsideen für die Kleinsten. In: klein&groß 05/2013, S. 24–25

Bücher:

→ Haug-Schnabel, Gabriele/Bensel, Joachim: Raumgestaltung in der Kita. Kindergarten heute praxis kompakt, Freiburg, Verlag Herder, 2015

→ Inga Bodenburg: Der Entwicklung Raum geben, Ausstattungsideen für Kitas. Berlin, Cornelsen Verlag, 2012

2: Raumgestaltung in Jugendeinrichtungen

→ Bd. 2, S. 60 f.

In der „Offenen Tür Nordstadt" leisten Sie im Rahmen Ihrer Ausbildung ein Praktikum. Dabei haben Sie die Gelegenheit, an den wöchentlich stattfindenden Teambesprechungen teilzunehmen. Wie Sie erfahren, ist das Thema „Bauen" seit geraumer Zeit von besonderer Relevanz. Dies ergibt sich aus folgenden Umständen:

Die Einrichtung liegt in einem dörflich geprägten Stadtteil am Rande einer Großstadt. Der „alte Stadtteil", der kürzlich sein achthundertjähriges Bestehen gefeiert hat, wird seit ungefähr zwei Jahren um einen „neuen Stadtteil" auf umliegendem Brachland erweitert. Die neu hinzugekommenen Menschen verfügen über zum Teil sehr unterschiedliche persönliche und finanzielle Ressourcen. Dies ist von der Stadtverwaltung ausdrücklich so gewünscht. Neben vielen weiteren Ein- und Mehrfamilienhäusern wird es auch neue Sportstätten und Einkaufsmöglichkeiten geben sowie eine neue Bahnlinie, die eine Fahrt in die Innenstadt in ca. 20 Minuten ermöglichen wird.

Unter den neu Hinzugezogenen befinden sich viele Kinder und Jugendliche. Einzelne „neue" Kinder und Jugendliche haben das Jugendzentrum bereits besucht. „Perspektivisch erhöht sich die Zahl der potenziellen Besucherinnen und Besucher zwischen 6 und 21 Jahren um einige Hundert", berichtet die pädagogische Leitung in der Teambesprechung. Der Träger, zu dem neben dieser Einrichtung noch 16 weitere im gesamten Stadtgebiet gehören, möchte diesem Umstand Rechnung tragen, indem er „bauliche Maßnahmen in nicht geringem Umfang" vornehmen lassen möchte. Der Träger wünscht nun von den vier hauptamtlich beschäftigten pädagogischen Fachkräften Vorschläge für bauliche Maßnahmen, die den veränderten Rahmenbedingungen Rechnung tragen. „Hierzu zählen u. a. auch Menschen mit Behinderung und Geflüchtete", stellt die pädagogische Leitung in der Teambesprechung klar.

„Machen wir doch ein Brainstorming und sammeln heute schon einmal, worauf es beim Bau und bei der Gestaltung der Offenen Tür ankommt", schlägt eine Fachkraft vor. „Gute Idee", erwidert die pädagogische Leitung und benennt sofort folgende „Funktionsbereiche":

- → offener Bereich,
- → zwei Gruppenräume,
- → Veranstaltungsbereich,
- → Außenbereich,
- → Verwaltungsbereich (Büro),
- → zwei Nebenräume (Materiallager und Putzkammer).

↘ KOMPETENZEN

- → *Die Absolventinnen und Absolventen verfügen über Fähigkeiten, diverse Fachaspekte adäquat in den Blick zu nehmen und deren Relevanz abzuschätzen.*
- → *Die Absolventinnen und Absolventen verfügen über Fertigkeiten, die demokratischen Beteiligungs- und Mitwirkungsrechte von Kindern und Jugendlichen in ihre Planungen einzubeziehen.*
- → *Die Absolventinnen und Absolventen verfügen über die Kompetenz, Prozesse zu initiieren und deren Möglichkeiten und Folgen zu reflektieren.*
- → *Die Absolventinnen und Absolventen verfügen über die Kompetenz, Diversität als Ausgangspunkt inklusiven Denkens und Handelns zu verstehen.*

Analyse + Bewertung

1 Fahren Sie im Plenum mit der Methode „Brainstorming“ fort, wie sie in der Teambesprechung im Fallbeispiel begonnen wurde. Benennen Sie Aspekte, die aus Ihrer Sicht für die in der Einstiegssituation vorgestellte Offene Tür relevant sind, und notieren Sie diese auf einem Plakat.

Querschnittsaufgabe: Inklusion und Partizipation

Reflexion

2 Nehmen Sie sich einen Moment Zeit, und reflektieren Sie die Ergebnisse vor dem Hintergrund Ihrer eigenen Erfahrungen in ähnlichen Einrichtungen. Was könnte oder sollte allgemein ergänzt werden?

Wissen + Verstehen

3 **a)** Lesen Sie in „Kein Kinderkram!“, Bd. 2, S. 569 ff., das Kapitel „Sozialraumanalyse”.
- → Welche Aspekte der Sozialraumanalyse finden Sie im Fallbeispiel wieder?
- → Welche Aspekte der Sozialraumanalyse sollten im Fallbeispiel eingebracht werden? Ergänzen Sie auf dem Plakat entsprechend.

→ Bd. 1, S. 239 ff.

b) Machen Sie sich mit fachtheoretischen Inhalten der Offenen Jugendarbeit vertraut (vgl. „Kein Kinderkram!“, Bd. 1, S. 239 ff.).
Welche Gesichtspunkte sollten bei dem Vorhaben der Offenen Tür mitberücksichtigt werden? Ergänzen Sie auf dem Plakat entsprechend.

→ Bd. 1, S. 395 ff. + S. 451 ff.

c) Erarbeiten Sie entwicklungspsychologische Grundlagen und Entwicklungsaufgaben für die im Fallbeispiel benannte Klientel.
Welche Blickwinkel eröffnen sich nun bei der Planung der Offenen Tür? Ergänzen Sie auf dem Plakat entsprechend.

→ Bd. 1, S. 476 ff.

Querschnittsaufgabe: Inklusion

d) Was gilt es zu beachten, wenn man Inklusion „mitdenkt”? Lesen Sie hierzu u. a. in „Kein Kinderkram!“, Bd. 1, Lernfeld 3, Kapitel 5, 6 und 7. Ergänzen Sie auf dem Plakat entsprechend.

4

Dass Deutschland ein Einwanderungsland ist, ist lange bekannt. Dies bestätigen seit geraumer Zeit auch Politiker fast jeder Couleur, wie z. B. Bundeskanzlerin Angela Merkel am 01.06.2015 beim Bürgerdialog in Berlin. Wenn Sozialisationsprozesse (siehe z. B. „Kein Kinderkram!“, Bd. 1, Lernfeld 3, Kap. 1) in den Herkunftsländern unter anderen Rahmenbedingungen als von denen der neuen Heimat verlaufen, erfordert das von den Einwanderern eine große Anpassungsleistung. Diese Leistung gilt es zu unterstützen. Das gilt für alle Akteure einer Gesellschaft und insbesondere für die Kinder- und Jugendarbeit.

→ Bd. 1, S. 362 ff.

→ Bd. 2, S. 499 ff.

Querschnittsaufgabe: Prävention

→ Bd. 1, S. 458 ff.

Während Menschen, die geplant bzw. gezielt immigrieren, gute Möglichkeiten haben, sich auf die Veränderung einzustellen, ist dies bei Menschen, die aufgrund besonderer Notlagen wie Krieg ihr Heimatland verlassen müssen, zum Teil kaum oder gar nicht möglich. Die geflüchteten Menschen haben neben der nonformalen Transition (siehe „Kein Kinderkram!“, Bd. 2, Lernfeld 5, Kap. 9) nicht selten Belastungen erlebt, die zu „verändertem Erleben” und „besonderem Verhalten” führen und somit einer gelingenden Integration nicht zuträglich sind. In der Arbeit mit geflüchteten Kindern und Jugendlichen gilt es daher insbesondere, sowohl resilienzförderlich zu handeln, als auch gemäß des Selbstkonzeptes und Antonovskys Konzept der Salutogenese (vgl. „Kein Kinderkram!“, Bd. 1, Lernfeld 3, Kap. 3.5).

a) Welche neuen Erkenntnisse ergeben sich nach dem Lesen des Textes bzw. der Fachtexte aus „Kein Kinderkram!", Bd. 1 und Bd. 2? Notieren Sie entsprechend auf dem Plakat. *Wissen + Verstehen*

b) Reflektieren Sie die Inhalte zu den Themen Migration und Flucht. Welche Berührungspunkte oder persönlichen Erfahrungen haben Sie? Wie beeinflusst dies Ihre Sicht auf diese Themen? *Reflexion*

c) Recherchieren Sie aktuelle Themen in Bezug zu Migration und Flucht. Nutzen Sie dabei möglichst viele Medien. Welches aktuelle Bild ergibt sich? *Querschnittsaufgabe: Wertevermittlung*

d) Diskutieren Sie im Plenum Ihre individuelle Reflexion, Ihre Recherche und die neuen Erkenntnisse. *Querschnittsaufgabe: Medienkompetenz*

5

Pädagogische Fachkräfte sind beim (Um-)Bau von Einrichtungen aufgefordert, dem Planer (Architekten) „eine dichte und lebensnahe Beschreibung von Aktivitäten und Ereignissen zu vermitteln" *(Kühn, 2009, S. 136)*. Kühn fordert weiter, dass Räume der offenen Jugendarbeit das Aneignungspotenzial der Jugendlichen im Blick haben sollen. Die Räume sollen zur eigenen Gestaltung und zur aktiven Eroberung herausfordern (vgl. ebd.).

Diesem Prozess vorgelagert könnte der Einbezug aktueller und potenzieller Besucherinnen und Besucher Sinn ergeben. Im Kontext „Partizipation" sollen Kinder und Jugendliche lernen, die sie betreffenden Dinge mit zu entscheiden und zu gestalten. Aber ist das auch bei einem Vorhaben dieser Größenordnung und Tragweite sinnvoll?

Querschnittsaufgabe: Partizipation

a) Welche Gründe sprechen für, welche gegen eine Beteiligung der Kinder und Jugendlichen im Fallbeispiel? Notieren Sie mindestens jeweils drei Aspekte in der Pro- und Contraliste. *Analyse + Bewertung*

Gründe für eine Beteiligung der Kinder und Jugendlichen im Fallbeispiel	Gründe gegen eine Beteiligung der Kinder und Jugendlichen im Fallbeispiel
1.	1.
2.	2.
3.	3.

b) Betrachten Sie die notierten Aspekte und kommen Sie zu einer begründeten Entscheidung.

c) Teilen Sie die Lerngruppe in zwei Lager – Pro und Contra „Beteiligung am Bauvorhaben" – und führen Sie eine Pro-/Contradiskussion. Führen Sie die Diskussion durch. Gibt es ein Ergebnis? Dürfen bzw. sollen die Kinder und Jugendlichen sich im beschriebenen Fall beteiligen oder nicht? Notieren Sie das Ergebnis auf dem „Gesamtplakat". *Analyse + Bewertung*

d) Reflektieren Sie sowohl die Diskussion als auch das Ergebnis. Wie zufrieden sind Sie persönlich mit dem Ergebnis? Sind Sie gegebenenfalls ausgesprochen zufrieden und daher mitunter noch motivierter, das Vorhaben zu unterstützen, oder sind Sie enttäuscht und daher eher weniger motiviert? *Reflexion*

Querschnittsaufgabe: Partizipation

e) Übertragen Sie das Ergebnis Ihrer Reflexion auf die Besucherinnen und Besucher der Offenen Tür. Inwieweit könnte deren Maß der Partizipation die Nutzung der Offenen Tür beeinflussen?

Besprechen Sie dies zunächst mit einer Partnerin, dann im Plenum.

Analyse + Bewertung

6 Betrachten Sie das gemeinsam im Plenum erstellte Plakat. Welches Gesamtbild ergibt sich? Diskutieren Sie dies. Clustern Sie die Ergebnisse anschließend und bringen Sie diese in eine sinnvolle Reihenfolge.

Planung + Konzeption

7 **a)** Planen Sie in einer vier- bis fünfköpfigen Gruppe das weitere Vorgehen in der Offenen Tür des Eingangsbeispiels. Beachten Sie dabei die verschiedenen erarbeiteten Facetten. Hieraus können sich u. a. Überlegungen hinsichtlich einer einfachen Umgestaltung der bestehenden OT, eines Umbaus der bestehenden OT, eines Anbaus an die bestehende OT, eines Neubaus auf dem Grundstück der noch bestehenden OT oder einer zusätzlichen OT im Stadtteil ergeben ...

b) Stellen Sie sich auf einem „Markt der Möglichkeiten" Ihre Konzepte gegenseitig vor.

Analyse + Bewertung

c) Vergleichen Sie nach der Vorstellung die Planungen miteinander. Welche Gemeinsamkeiten, welche Unterschiede sind erkennbar? Benennen Sie Vor- und Nachteile.

Querschnittsaufgabe: Prävention

d) Welchen präventiven Charakter einer Offenen Tür erkennen Sie insgesamt? Nehmen Sie sich hierzu einen Moment Zeit. Diskutieren Sie dann im Plenum.

Reflexion

8 Reflektieren Sie das gesamte Kapitel. Was haben Sie gelernt? Welche Kompetenzen waren gefordert, und welche haben sich wie entwickelt? Was wurde bestärkt, was wurde ergänzt?

Was habe ich gelernt?	Welche Kompetenzen waren gefordert?	Welche Kompetenzen habe ich wie entwickelt?

Körpererfahrung und Bewegung

1: Bewegungspädagogik

→ Bd. 2., S. 97 ff.

In Ihrer aktuellen Praktikumsstelle gehen zwei Erzieherinnen einmal die Woche mit einer Gruppe von 12 bis 16 Kindern in eine nahe gelegene Turnhalle. Eine von beiden ist psychomotorische Übungsleiterin. Sie baut immer eine „Bewegungslandschaft" in der Halle auf. Das Angebot ist bei vielen Kindern sehr beliebt, und so ist immer wieder die Frage, wer teilnehmen kann und wer nicht. Jetzt bietet sich die Gelegenheit, die Halle auch zweimal in der Woche nutzen zu können. Dafür müssen sich aber weitere Kolleginnen oder Kollegen bereit erklären, das Angebot zu begleiten – und eventuell müssten dann andere Angebote in der Einrichtung ausfallen.

Das hat eine Diskussion im Team über die Bedeutung dieser bewegungspädagogischen Angebote in Gang gebracht. Die Psychomotorikerin hatte betont, dass Bewegung doch überhaupt die Grundlage für jede kindliche Entwicklung sei und man damit ja nicht nur die motorischen Fähigkeiten, sondern vor allem das Selbstbewusstsein der Kinder stärke. Es gab sogar ein wenig Streit über die Frage, ob sich nicht auch im ganz normalen Alltag einige Teammitglieder vor Bewegungsspielen mit Kindern „drücken" würden und kein gutes Bewegungsvorbild seien. „Jeder hat eben seine persönlichen Vorlieben und Fähigkeiten – es muss doch hier nicht jeder alles können!", hatte eine der angegriffenen Kolleginnen geantwortet.

Auch einige Eltern haben sich schon eingeschaltet. Während einige von ihnen über ein weiteres Bewegungsangebot sehr froh wären, machen sich andere Sorgen, ob ihre Kinder dann nicht in anderen Bereichen zu wenig Förderung erhielten.

↘ KOMPETENZEN

→ *Die Absolventinnen und Absolventen verfügen über ein breites Wissen, das ihnen ein komplexes Verständnis von Entwicklungsprozessen eröffnet.*

→ *Die Absolventinnen und Absolventen verfügen über grundlegendes und fachtheoretisch vertieftes Wissen über methodisch-didaktische Konzepte im Bildungsbereich Bewegung.*

→ *Die Absolventinnen und Absolventen verfügen über die Fertigkeit, spezifische didaktisch-methodische Konzepte im Bildungsbereich Bewegung adressatengerecht zu planen und durchzuführen.*

Reflexion

1 Das eigene Verhältnis zu Bewegung reflektieren

a) Wie ist Ihr persönliches Verhältnis zu Bewegung, Entspannung, zu Sport und Tanzen?
Tragen Sie in eine Hälfte des Kreises positive Erfahrungen und Gefühle, in die andere eher negative Aspekte ein.

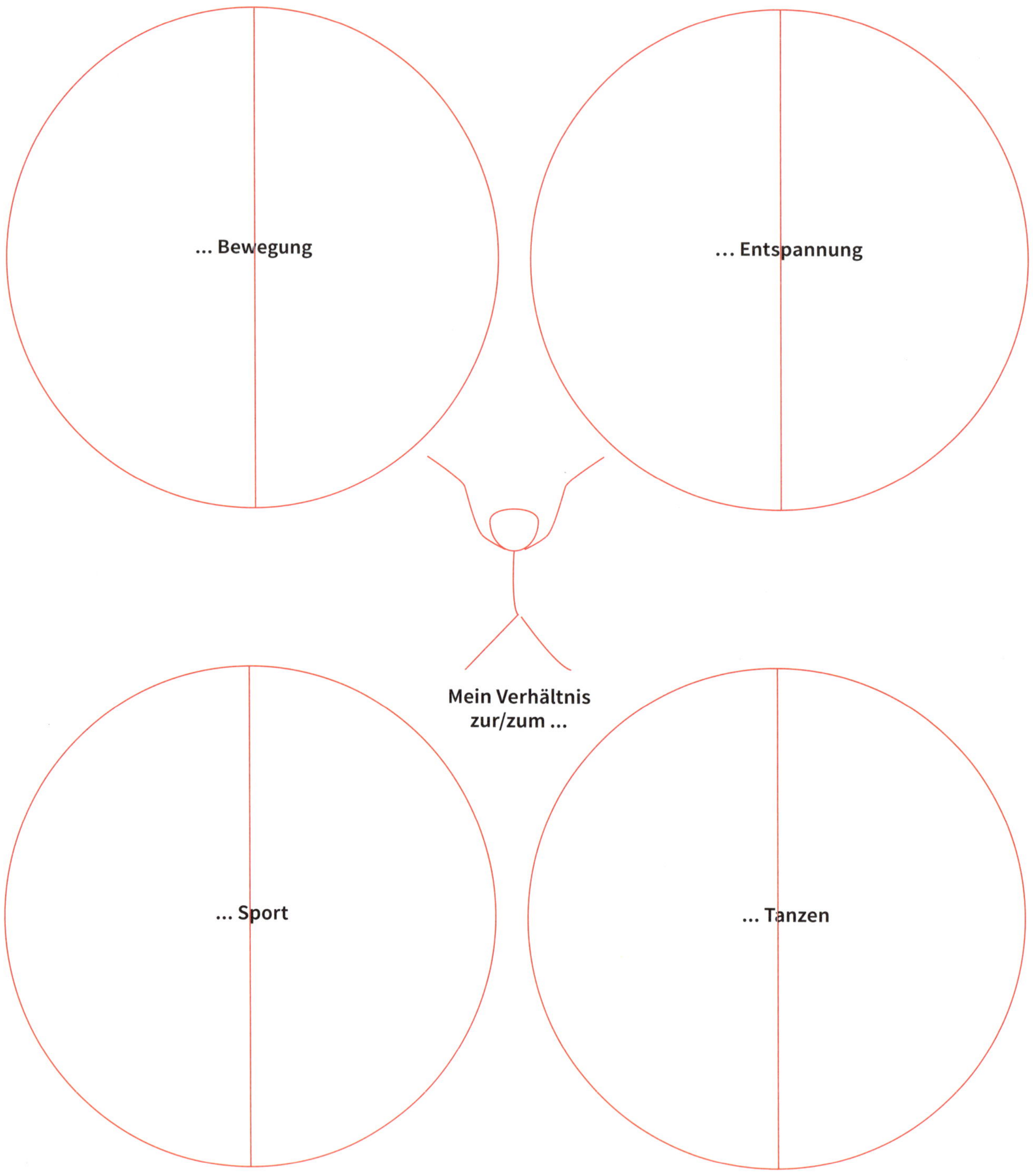

b) Reflektieren Sie, welche Bedeutung Ihr persönliches Verhältnis zu den beschriebenen Ausdrucksformen für Ihre pädagogische Arbeit hat.

Beantworten Sie sich folgende Fragen.

→ Welche Bewegungsarten mag ich, welche gar nicht?

→ Was brauche ich, um entspannen zu können? Finde ich Entspannung eher in Ruhepositionen oder in Bewegung?

→ Welche Gefühle habe ich, wenn Kinder herumtoben? Tobe ich selbst gerne mit Kindern?

→ Welche Gefühle habe ich, wenn Kinder mit mir kuscheln wollen? Welche Formen von Körperkontakt mag ich mit Kindern?

→ Wodurch bin ich ein „positives Bewegungsvorbild“ für Kinder, wodurch eher nicht?

c) Beantworten Sie folgende Fragen möglichst in einem Interview zu zweit.

→ Erinnern Sie sich an ein Bewegungserlebnis, das Ihr Selbstvertrauen gestärkt hat. Beschreiben Sie sehr genau: Wie alt waren Sie? Wann und wo passierte es? Was haben Sie genau getan? Wie haben andere auf Sie reagiert? Haben Sie jemandem davon erzählt? Wie geht es Ihnen, wenn Sie heute daran denken?

→ Erinnern Sie sich an ein Bewegungserlebnis, das Ihr Selbstvertrauen geschwächt hat. Beschreiben Sie sehr genau: Wie alt waren Sie? Wann und wo passierte es? Was haben Sie genau getan? Wie haben andere auf Sie reagiert? Haben Sie jemandem davon erzählt? Wie geht es Ihnen, wenn Sie heute daran denken?

Analyse + Bewertung

2 Bewegung – in den Alltag integriert

Bewegungspensum und die Bewegungsvielfalt haben in den letzten Jahren bei vielen Kindern stark abgenommen, was häufig sogar zu gesundheitlichen Einschränkungen im frühen Alter führt.

a) Gehen Sie den normalen Tagesablauf in Ihrer Einrichtung durch:
Wie viel Zeit verbringen Sie mit welcher Körperhaltung/Bewegungsart:
Sitzen auf einem Stuhl/Sitzen am Boden/Stehen/Gehen/Laufen/Rennen/Schaukeln/Kriechen/Tanzen/ ...?

Teilen Sie einen „Zeitkuchen" für sich und einen für ein Kind, das Sie etwas genauer vor Augen haben, entsprechend auf.

Querschnittsaufgabe: Prävention

b) Tauschen Sie sich zu zweit darüber aus.
Führen Sie gemeinsam ein Brainstorming mit Ideen durch, wie Bewegung in vielfältigerer Form im Alltag Ihrer Einrichtung vorkommen könnte. (Alle Ideen werden aufgeschrieben, keine wird „verboten"! Beispiele: „Die Schüsseln werden auf einer Hand balanciert." „Wer von der Toilette kommt, hüpft auf einem Bein." ...)

Unsere Ideen: ______________________________

____

____

____

____

____

c) Stellen Sie Ihre drei Lieblingsideen in der Gruppe vor.

Planung + Konzeption

3 Eine Bewegungsgeschichte

a) Überlegen Sie, welches Thema die Kinder zurzeit besonders beschäftigt.

Thema: ______________________________

b) Entwickeln Sie aus diesem Thema eine Geschichte, in der möglichst viele verschiedene Bewegungsqualitäten und sowohl schnelle als auch entspannende Bewegungsarten vorkommen.

Geschichte	Bewegungsqualitäten

c) Testen Sie Ihre Bewegungsgeschichte mit einem Teil Ihrer Lerngruppe, und probieren Sie sie dann mit Kindern aus. Halten Sie Ihre Erfahrungen später stichpunktartig hier fest.

Reflexion

____

____

____

____

d) Vergleichen Sie Ihre Erfahrungen.

____

____

____

____

Spiel als Ausdruck und Erfahrung

→ *Bd. 2, S. 131 ff.*

1: Spiel beobachten und verstehen

Sie haben Ihren ersten Informationstag für Eltern in Ihrer aktuellen Praktikumseinrichtung miterlebt: eine Kindertagesstätte mit einem vielfältigen Angebot, aber vor allem mit viel Raum für selbst gewählte und selbst gestaltete Erfahrungs- und Spielräume der Kinder. Von Beginn an waren Sie beeindruckt gewesen von den eigenständigen Aktivitäten der Kinder und ihren vielfältigen Spielen. Am Ende des Tages geht Ihnen nun die Bemerkung einer Mutter, die Sie herumgeführt haben, nicht mehr aus dem Kopf. Etwas ungeduldig hatte sie Sie unterbrochen und gefragt: „Aber sagen Sie mal, spielen denn die Kinder bei Ihnen nur? Die sollen doch was lernen!"

Sie sprechen die Leiterin Ihrer Kita auf diese Situation an. Diese erzählt Ihnen, dass in vielen Informationsgesprächen die Frage nach gezielten Bildungsangeboten in den letzten Jahren stark zugenommen habe. Die Eltern seien zunehmend unter Druck, ob und wie ihre Kinder früh genug lernen, um den späteren Anforderungen in Schule und Ausbildung gerecht zu werden. Die Eltern wollen Sprachen und Naturwissenschaften im Programm. Was und wie die Kinder spielen, danach fragen immer weniger. „Aber wie ist das denn für dich?", hatte sie dann Sie gefragt. „Welchen Wert und welche Bedeutung hat das Spiel der Kinder für dich?"

Spielend lernen

↘ KOMPETENZEN

- → *Die Absolventinnen und Absolventen verfügen über breites und integriertes Wissen über die Bedeutung von kulturellen Bildungsprozessen für die Entwicklung von Kindern, Jugendlichen und jungen Erwachsenen.*
- → *Die Absolventinnen und Absolventen verfügen über Fertigkeiten, ausgewählte Beobachtungsverfahren zur Dokumentation des Bildungsprozesses bzw. des Entwicklungsstands oder der Lernvoraussetzungen des Kindes, Jugendlichen und jungen Erwachsenen zu planen, anzuwenden und auszuwerten.*

Wissen + Verstehen

1 Was ist Spiel?

Gestalten Sie eine „Spiel ist, wenn ..."-Karte, indem Sie den Satz vervollständigen und ein Bild dazu malen.

Analyse + Bewertung

Zeigen Sie sich gegenseitig Ihre Karten.

a) Finden Sie Oberbegriffe für die wesentlichen Aspekte.

b) Vergleichen Sie Ihre Oberbegriffe mit den in „Kein Kinderkram!“, Bd. 2, Lernfeld 4, Kap. 10.1.1 beschriebenen Merkmalen von Spiel.

→ Bd. 2, S. 132 ff.

c) Welche Aspekte aus dem Text kommen auf Ihren Karten vor, welche fehlen?

d) Gestalten Sie gemeinsam zu mindestens einem fehlenden Aspekt eine „Spiel ist, wenn …“-Karte“.

e) Ihr Klassenraum als Galerie: Gestalten Sie im Klassenraum eine Ausstellung aller Karten.

Tauschen Sie sich darüber aus, welche Aspekte besonders häufig vorkommen, und was für Sie in der Gruppe die treffendsten Aussagen über das Wesen des Spiels sind.

2 Funktion des Spielens: Welche Funktion hat Spielen in der Entwicklung von Kindern?

Analyse + Bewertung

Lesen Sie folgende Beispiele für Spielsituationen, ordnen Sie sie chronologisch nach der Entwicklung der Kinder und schätzen Sie das Alter der jeweiligen Kinder ein (vgl. „Kein Kinderkram!“, Bd. 2, Lernfeld 4, Kap. 10.2).

→ Bd. 2, S. 143 ff.

I.
Shanli und ihre Freundin Luisa beschließen, Friseur zu spielen. „Ich bin Friseur“, ruft Luisa, und beginnt sofort das Spiel, indem sie einen Stuhl heranholt. Dann sieht sie sich um, entdeckt Kim in der Nähe und ruft sie. „Bitte setzen, dann spielen wir Friseur.“ Kim lacht und setzt sich auf den Stuhl. Luisa fängt an, ihr die Haare zu bürsten. „Das sind aber sehr schöne Haare. Aber ein bisschen lang. Was möchten Sie denn: kurz oder Zöpfe?“ „Zöpfe“, antwortet Kim schnell. Shanli steht etwas abseits. Sie sieht ratlos aus. „Komm doch“, fordert Luisa sie auf. „Ich bin erst noch zu Hause“, entgegnet Shanli daraufhin. Sie setzt sich einen Hut aus der Verkleidungskiste auf und kommt. „Guten Tag. Können Sie mir eine neue Frisur machen?“ Luisa sieht von Kim zu Shanli. Dann holt sie einen zweiten Stuhl. Shanli setzt sich. „Du musst ein bisschen warten. Die Friseurin kommt gleich wieder,“ sagt sie zu Kim. Und an Shanli gewandt: „Ich muss Ihre Haare erst einmal gründlich bürsten.“ Sie beginnt damit, was aber Shanli offensichtlich nicht gefällt. „Au, du tust mir weh.“ „Nein, das tut gar nicht weh. Haare schneiden tut nicht weh“, entgegnet Luisa bestimmt. „Ich will aber auch Friseur sein“, sagt Shanli. „Na gut, dann sind wir eben beide Friseur“, bietet Luisa an. Shanli steht auf, und dann stehen die beiden älteren Mädchen hinter Kim, beraten und frisieren sie …

II.
„Bettina liegt auf dem Rücken und kaut auf einem Ring mit vielen Holzschlüsseln. Sie unterbricht ihre Kautätigkeit, hält den Ring hoch, betrachtet ihn, lauscht dem Geräusch, das entsteht. Sie bewegt ihren Arm, scheint wieder dem Geräusch zu lauschen. Dann macht sie mit dem Arm eine rotierende Bewegung. Das Spielzeug streift ihr Gesicht und ihren Kopf. Die Bewegung endet an ihrem Mund und sie beginnt wieder zu kauen. Eine Weile liegt sie ganz still, das Kauen und Lutschen ist ihre einzige Tätigkeit. Dann beginnt Bettina das Spiel von neuem: hält den Ring vor das Gesicht, betrachtet ihn, lauscht dem Geräusch, fährt sich über den Kopf und durchs Gesicht, endet mit kauen und nuckeln.“
(Gründler, 2013)

III.
Jan steht draußen am Haus. Mit einem Ball wirft er gegen die Wand und fängt ihn wieder auf. Amin kommt dazu. „Kann ich auch mal?“ Jan wirft ihm den Ball zu. Amin wirft den Ball gegen die Wand, schafft es dann aber nicht, ihn zu fangen. Er holt den Ball und will es noch einmal versuchen. „Ich bin dran“, ruft Jan empört. Er nimmt Amin den Ball ab, wirft und fängt. „Immer abwechselnd“, sagt er und gibt Amin den Ball. Eine Weile spielen die beiden so – Tobias sieht aus einiger Entfernung zu. Schließlich nähert er sich, stellt sich neben Amin und bekommt den Ball. Er wirft ihn fest auf den Boden, sodass er vom Boden abprallt, gegen die Wand springt, und dann fängt er den Ball auf. „So geht das aber nicht“, ruft Amin. „Wir spielen ohne aufditschen.“ Als Tobias wieder an der Reihe ist, wirft er so wie die anderen beiden. Nach drei weiteren Runden schlägt er vor, es anders zu machen. „Ich kenn‘ es aber mit Aufditschen. Jetzt spielen wir mal so, wie ich sage.“ …

IV.
„Faris hat sich zum Spielen eine große Plastikflasche und drei Holzringe geholt. Er sitzt aufrecht, stellt die Flasche zwischen seine Beine und beginnt, die Holzringe auf den Flaschenhals zu stecken. Er arbeitet konzentriert und mit

großem Kraftaufwand. Beim dritten Ring fällt die Flasche um. Faris sammelt die Ringe wieder ein, stellt die Flasche erneut auf und beginnt sein Experiment von vorn. Diesmal gelingt es ihm. Er schaut hoch, wie wenn er Bestätigung suchte, dann greift er die Flasche mit den drei Ringen, führt sie zum Mund, beißt hinein, kaut darauf herum."
(Gründler, 2013)

V.
Malte sitzt im Sand. Er hat einen kurzen, dicken Stock in der Hand. „Brumm, Brrrrrum" – schiebt er den Stock durch den Sand und kriecht immer weiter durch den Sandkasten. Am Rand angekommen, setzt er sich auf die Kante, betrachtet kurz seinen Stock und führt ihn dann in der Hand durch die Luft. Schließlich läuft er los, immer mit dem Stock in der ausgestreckten Hand. „Fffffffffffhhhh, fffffffhhhhhhh …" Nach einer Weile wirkt Malte erschöpft. Er lässt den Stock fallen, geht zur Schaukel und setzt sich hinein. Er bringt sie ein wenig zum Schwingen. „Fffffffffhhhhhh, fffhhhhh …", tönt er von der Schaukel und sieht dabei zum Himmel hinauf. …

Analyse + Bewertung

3 Verteilen Sie die dargestellten Spielsituationen so, dass sich mindestens eine Gruppe mit jedem Beispiel befasst.

a) Beantworten Sie folgende Fragen:
- → Welche Spielform zeigt das Beispiel?
- → Welche Erfahrungen machen die jeweiligen Kinder?
- → Welche weiteren typischen Spiele dieser Spielform fallen Ihnen ein?
- → Welche Fähigkeiten brauchen oder erwerben die Kinder in diesem Spiel?

b) Wie können Sie Ihren Mitstudierenden diese Spielform begreifbar machen? Finden Sie eine praktische Möglichkeit, das Wesentliche zu erklären.

Beispiel:		**Spielform:**	
Erfahrungen:			
Fähigkeiten:			
Andere typische Beispiele:			
Das Wesentliche dieser Spielform:			

c) Präsentieren Sie Ihre Gruppenergebnisse, indem Sie mit dem praktischen Teil beginnen.

4 Spielbeobachtung

Analyse + Bewertung

Wer Kinder bei ihrem Spiel beobachtet, kann viel über sie erfahren: über ihr Verhältnis zum eigenen Körper, zu anderen Spielenden, über Vorlieben und Abneigungen, über den Umgang mit Langeweile und darüber, welche Themen sie gerade interessieren und vieles mehr.

a) Schaffen Sie sich an mindestens drei verschiedenen Tagen eine Situation, in der Sie ein Kind – jedes Mal das Gleiche – über einen Zeitraum von 20–30 Minuten im Freispiel beobachten können. Achten Sie besonders auf den Umgang des Kindes mit anderen, auf das soziale Spielverhalten. Nehmen Sie dafür den folgenden Beobachtungsbogen zu Hilfe.

U. HEIMLICH: SPIELKOOPERATIONSSKALA						
		Name, Vorname		**Alter (J; M)**	**Beobachterin**	
Kooperatives Ziel	**Ausprägungsgrad**					**S**
	1	**2**	**3**	**4**	**5**	
INITIATIVE	passive Kontaktaufnahme ❑	eigene Kontaktversuche misslingen ❑	Kontaktaufnahme nur kurz ❑	nimmt selbst Kontakt auf, Spielfluss aber noch störanfällig ❑	intensiver, dauerhafter Kontakt ❑	
ZIELSETZUNG	nur egoistische Ziele ❑	verfolgt eigene Ziele, toleriert aber gemeinsame Ziele ❑	verzichtet ab und zu auf eigene Ziele ❑	verfolgt gemeinsame Ziele ❑	Identifikation mit gemeinsamer Zielsetzung ❑	
SOZIALE ORIENTIERUNG	Hilfe für andere wird abgelehnt ❑	verbale Hilfe auf Anfrage ❑	demonstriert Problemlösung, aber keine aktive Hilfe ❑	gibt Hilfestellung, achtet auf eigenen Vorteil ❑	aktive Hilfe mit Verzicht auf eigenen Vorteil ❑	
SELBST-KONZEPT	konform, keine eigenen Ideen ❑	passt sich an, äußert aber eigene Ideen ❑	macht Spielvorschläge, aber kein Durchsetzungsvermögen ❑	setzt eigene Ideen durch, lässt sich dann aber wieder umstimmen ❑	setzt eigene Ideen durch, überzeugt auch andere ❑	
KOMPLEXITÄT	nur ein Partner ❑	nur ein Partner, andere werden einbezogen ❑	spielt in Kleingruppen, aber nur an einem Partner orientiert ❑	spielt in Gruppen und nimmt mehrere Kontakte auf ❑	spielt nur in Gruppen, unterhält mehrere intensive Kontakte ❑	
Bemerkungen						
(vgl. Ulrich Heimlich, Behinderte und nicht behinderte Kinder spielen gemeinsam. Klinkhardt Verlag, Bad Heilbrunn, 1995)						

b) Werten Sie Ihre Beobachtungen aus. Was haben Sie erfahren? Stimmen Ihre Beobachtungen mit Ihrer sonstigen Einschätzung dieses Kindes überein? Haben Sie neue Erkenntnisse über das Kind gewonnen?

c) Welche anderen Beobachtungen konnten Sie machen?

→ Welche Spielformen haben Sie bei dem Kind beobachtet?

→ Welche Themen konnten Sie im Spiel des Kindes entdecken?

→ Welche Vorlieben oder Stärken dieses Kindes werden für Sie in diesen Spielsituationen sichtbar?

Name des Kindes: ______________________ Alter: ______________________

Spielformen: ____

____

Themen: ____

____

____

____

Vorlieben/Stärken: ______________________________

____

____

____

____

____

____

____

____

____

d) Sprechen Sie mit einer Kollegin, die das Kind auch kennt, über Ihre Beobachtungen und Einschätzungen.

Planung + Konzeption

5 Elternabend zum Thema „Die Bedeutung des Spiels für die Entwicklung ihrer Kinder"

Immer häufiger treten Eltern mit zahlreichen und vielfältigen Anforderungen an Kindertageseinrichtungen und deren pädagogisches Angebot heran. Besonders die Sorge um „verschenkte Bildungsmöglichkeiten" im frühen Alter scheint etliche Eltern zu beschäftigen. Geben pädagogische Fachkräfte aber diesem Druck nach, besteht die Gefahr, schon den Alltag in Kindertageseinrichtungen zu verschulen und den Kindern (zu) wenig Gelegenheit für freies wie für angeleitetes Spiel zu lassen.

→ Bd. 2, S. 139–154

Wie können Sie die Sorge der Eltern ernst nehmen und ihnen gleichzeitig die wesentliche Bedeutung des Spielens verständlich machen? Welche Aspekte und Argumente sind Ihnen besonders wichtig? Nutzen Sie die Texte aus „Kein Kinderkram!", Bd. 2, Lernfeld 4, Kap. 10.1–10.3, die Querschnittsaufgaben sowie Ihre Spiel-Beobachtungen an Kindern aus der Praxis, und erstellen Sie eine Liste mit fünf wesentlichen Argumenten.

Meine Argumente für Spiel:

1. ______________________________

2. ______________________________

3. ______________________________

4. ______________________________

5. ______________________________

a) Prioritäten und Ziele: Tauschen Sie sich über die Ihnen jeweils wichtigen Argumente und Aspekte aus, und setzen Sie gemeinsam Prioritäten. Formulieren Sie ein Ziel für einen Elternabend: Was möchten Sie erreichen? Was sollen die Eltern nach dem Elternabend möglichst denken oder sagen?

b) Brainstorming zur Ideensammlung: Nehmen Sie ein großes Blatt Papier (mindestens DIN A2) und Stifte in verschiedenen Farben. Nehmen Sie sich zehn Minuten Zeit: Wer eine Idee hat, nennt sie kurz laut und schreibt sie auf – die Gedanken werden nicht diskutiert; Verständnisfragen sollten kurz geklärt werden. Entwickeln Sie auf diese Weise möglichst viele Ideen für den Elternabend.

c) Konzeptentwurf: Prüfen Sie, mit welcher der Ideen aus dem Brainstorming Sie Ihr Ziel am besten erreichen können. Entwickeln Sie ein Konzept für einen Elternabend mit Einladungsschreiben, Ablauf, Einstieg ins Thema, Abschluss.

d) Stellen Sie den anderen Ihr Konzept oder einen Teil daraus vor.

Reflexion

Querschnittsaufgabe: Partizipation, Inklusion, Prävention, Sprachbildung, Wertevermittlung, Vermittlung von Medienkompetenz

6 Recht auf Spiel

„Kinder haben das Recht auf Ruhe und Freizeit, auf Spiel und altersgemäße aktive Erholung sowie auf freie Teilnahme am kulturellen und künstlerischen Leben.“ *(Artikel 31 der UN-Kinderrechtskonvention)*

Die UN-Kinderrechtskonvention betont den Wert des Spiels und Spielens für jedes Kind.

→ Welche Rolle kommt pädagogischen Fachkräften bei der Umsetzung und Gewährung dieses Kinderrechts zu?

→ Wie sehen Sie Ihre Aufgabe als pädagogische Fachkraft in Bezug auf das „Recht auf Spiel“?

Ergänzen Sie folgende Grafik.

„Als pädagogische Fachkraft will ich …“

Recht auf Spiel

das Spiel der Kinder schützen, indem ich …

→ ____________________
→ ____________________
→ ____________________
→ ____________________
→ ____________________
→ ____________________
→ ____________________

die Möglichkeiten von Spiel ausschöpfen, indem ich …

→ ____________________
→ ____________________
→ ____________________
→ ____________________
→ ____________________
→ ____________________
→ ____________________

Spielfähigkeit fördern, indem ich ...

→ ____________________
→ ____________________
→ ____________________
→ ____________________
→ ____________________
→ ____________________
→ ____________________

meine eigene Spielfreude erhalten, indem ich …

→ ____________________
→ ____________________
→ ____________________
→ ____________________
→ ____________________
→ ____________________
→ ____________________

→ *Bd. 2, S. 151 ff.*

2: Das pädagogische Freispiel

Freispielzeit in der Kita. Die meisten Kinder sind mit zwei Erzieherinnen nach draußen gegangen. Auf Wunsch von vier weiteren Kindern bleiben Sie jedoch im Gruppenraum. Hier gehen Meryem und Oscar inzwischen an einem der großen Außenfenster zu Werke. Vor ihnen stehen drei Farbtöpfe, in die sie abwechselnd die Finger eintauchen und damit Striche auf das Fensterglas malen. Dabei brechen sie jedes Mal in schallendes Gelächter aus, wenn ein Farbstrich den anderen durchkreuzt und sich dadurch die Farben vermischen. Ihre Bewegungen werden größer, die Wechsel werden schneller, das Lachen wird immer lauter.

Durch das Fenster können Sie gut in den Garten schauen. Dort sehen Sie, wie Hannes und Dogan sich mit verbissenen Gesichtern ein Wettrennen liefern, während Refika und Jonas gemütlich und entspannt in einer Vogelnestschaukel liegen und miteinander plaudern. Arman steht vor der Schaukel und sagt etwas zu den beiden. Die zwei scheinen aber gar nicht auf ihn zu reagieren. Ihrem Eindruck nach macht er noch zwei Versuche und wendet sich dann mit hängenden Schultern ab.

Nicht weit von diesem Geschehen entfernt beobachten Sie die kleine Lia. Sie ist noch recht neu in der Kita. Unermüdlich klettert sie immer wieder auf einen Holzstumpf, richtet sich vorsichtig auf, um dann in den Sand zu springen. Manchmal wirkt sie dabei ernst und angestrengt, dann sieht sie wieder fröhlich und erleichtert aus.

Ihr Blick wandert zurück in den Gruppenraum: Tom ist 5 Jahre alt und sitzt im Rollstuhl. Damit kann er sich gut und sicher durch den Raum bewegen. Jetzt hat er – wie so häufig in letzter Zeit – einen großen Berg Legosteine vor sich ausgebreitet und baut ein kompliziertes Gebäude mit Türen, Erkern und Türmen. Er wirkt ganz versunken in seinem Tun. Nur ab und zu schaut er nach draußen. Plötzlich wendet er sich von seinem Bauwerk ab und rollt mit schnellem Schwung zum Fenster.

In der Kuschelecke sitzt außerdem noch Elea und scheint völlig unberührt von allem zu sein. Seit einem halben Jahr ist sie erst in der Kita und liebt es besonders, wenn man ihr Geschichten vorliest. Oft verkriecht sie sich mit einer Freundin auch nur in einer Höhle oder im Kriechtunnel. Jetzt aber hat sie ein Buch auf dem Schoß liegen und redet leise vor sich hin. Beim Nähergehen hört es sich so an, als würde sie ihrem Stoffhasen die Bildergeschichten erklären.

„Wie ein großes Wimmelbild“, denken Sie, „und alles ist in ständiger Bewegung!“

↘ KOMPETENZEN

→ *Die Absolventinnen und Absolventen verfügen über einschlägiges fachtheoretisches Wissen, um den Stellenwert des kindlichen Spiels in den Bildungsplänen der Länder in der Bundesrepublik Deutschland fundiert einzuschätzen.*

→ *Die Absolventinnen und Absolventen verfügen über Fertigkeiten, um kindliche Lernprozesse anhand der pädagogischen Vorgaben in den Bildungsplänen der Bundesländer anzuregen, zu begleiten und zu gestalten.*

Analyse + Bewertung

1 Bildungsprozesse im Spiel erkennen
Beschreiben Sie die Tätigkeiten, die beobachteten oder vermuteten Gefühle und die (Lern-) Erfahrungen, welche die Kinder aus den Beispielszenen machen, und tauschen Sie diese Eindrücke aus.

Kind(er)	Tätigkeit	Gefühle	(Lern-)Erfahrungen
Meryem und Oskar			
Hannes und Dogan			

Kind(er)	Tätigkeit	Gefühle	(Lern-)Erfahrungen
Refika und Jonas			
Arman			
Lia			
Tom			
Elea			

2 Wie Bildungspläne das Spiel deuten ...

Wissen + Verstehen

„Der Mensch erkennt, erobert und reflektiert die Welt zuerst im Spiel [...] Kinder spielen, weil sie sich entwickeln, und sie entwickeln sich, weil sie spielen." Dieses kurze Zitat aus dem Thüringer Bildungsplan für Kinder bis 10 Jahre *(Thüringer Ministerium, 2010, S. 31)* wird hier stellvertretend für alle ähnlichen Aussagen der Bildungspläne anderer Bundesländer wiedergegeben. In allen Bildungsplänen wird die besondere Bedeutung des kindlichen Lernens im Spiel immer wieder herausgestellt.

Über die Bedeutung des pädagogischen Freispiels in Tageseinrichtungen werden Sie im Lehrbuch „Kein Kinderkram!" ausführlich informiert und durch vielfältige Aufgabenstellungen auf dieses pädagogische Grundthema eingestimmt.

→ *Bd. 2, S. 151 ff.*

a) Fassen Sie die Hauptaussagen über die Bedeutung des Lernens durch Spielen zusammen, die sich in dem für Sie gültigen Bildungsplan finden, und stellen Sie diese tabellarisch dar. Am Beispiel des Thüringer Bildungsplans lassen sich u. a. folgende Überlegungen auflisten:

Hauptaussagen des Thüringer Bildungsplans über das kindliche Lernen im/durch Spiel	
Allgemeine Grundaussagen	
Wichtige Spielformen im Laufe der kindlichen Entwicklung	

Hauptaussagen des Thüringer Bildungsplans über das kindliche Lernen im/durch Spiel	
Herausbildung von Fähigkeiten oder Kompetenzen durch Spielen	
Spiele und Spieltätigkeiten in den unterschiedlichen Bildungsbereichen	
Spielinhalte	
Motive oder Grundbedürfnisse der Kinder	
Räume und Materialien	
Strukturen und Tagesabläufe	
Hinweise auf die Querschnittsaufgaben (vgl. „Kein Kinderkram!“, Bd. 1, S. 74 ff.)	
…	

b) Diskutieren Sie abschließend: Welche allgemeinen Grundannahmen, welche Schwerpunkte fallen besonders ins Auge? Halten Sie die wichtigsten Aspekte hier fest:

____

____

____

____

____

Analyse + Bewertung

3 Im Lehrbuch-Kapitel zur Bedeutung des pädagogischen Freispiels in Tageseinrichtungen finden Sie viele unterschiedliche Spielsituationen beschrieben (Bd. 2, S. 151).

a) Gestalten Sie eine dieser Darstellungen jeweils um, indem Sie sie durch mögliche Gedanken oder Aussagen der Kinder ergänzen.

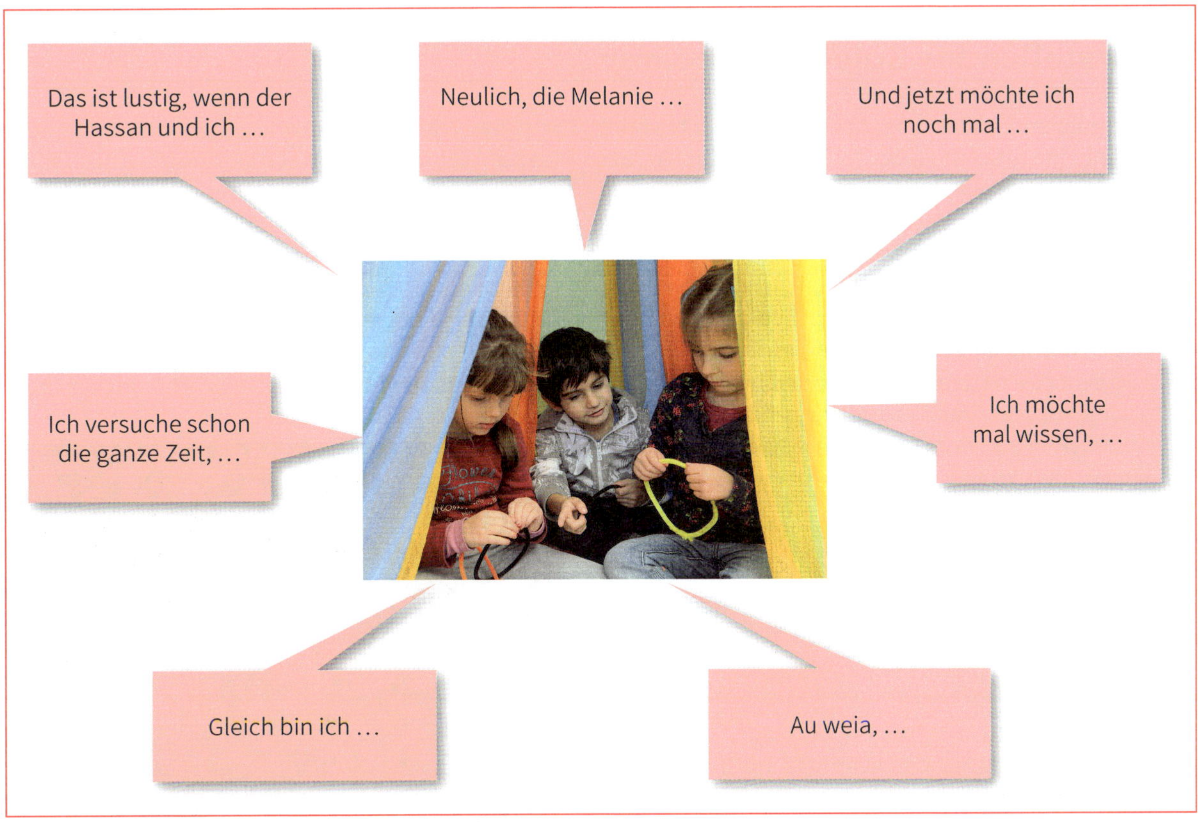

b) Analysieren Sie nun das gesamte Geschehen im Hinblick auf den Bildungsplan, z. B. dahin gehend,

→ welche Bildungsbereiche oder Bildungsdimensionen sich in der Gesamtdarstellung widerspiegeln,
→ welche Motivationen der Kinder zum Ausdruck kommen,
→ welche Kompetenzen erworben oder geübt werden,
→ welche Aufgaben möglicherweise auf Erzieherinnen zukommen,
→ …

Querschnittsaufgaben

c) Inwiefern lassen sich auf diese Weise die Vorgaben und Überlegungen eines Bildungsplans auf konkrete Spielsituationen übertragen?

Planung + Konzeption

d) Diskutieren Sie abschließend.

3: Darstellendes Spiel und Theater

Im Team geht es hoch her. „Das geht doch nicht. Ihr könnt doch nicht ein Stück mit so viel Text mit unseren Kindern einüben wollen!“, ereifert sich eine Kollegin. „Aber warum denn nicht? Das fördert doch optimal den Spracherwerb – besonders für die Kinder mit Migrationshintergrund.“ „Quatsch. Das erzeugt doch nur Frust. Ich glaube nicht, dass die Kinder dazu Lust haben!“ „Vielleicht sollten wir uns lieber mit ihnen zusammen etwas selber ausdenken.“ So geht es eine ganze Weile hin und her. Die Leiterin hatte vorgeschlagen, für das diesjährige Sommerfest ein Theaterstück vorzubereiten – aber über die Art wird noch heftig diskutiert. Es gibt Argumente für dieses und jenes, aber nicht so richtig eine Lösung, so scheint es Ihnen. Sie sind gerade in einer Kindertagesstätte, in der am Nachmittag auch Schulkinder betreut werden. Eine große Altersmischung also und auch vom Hintergrund und den individuellen Fähigkeiten her eine recht vielfältige Gruppe. Da sind zwei Kinder mit einer geistigen Behinderung dabei. Eines von ihnen tanzt wahnsinnig gern – sobald irgendwo Musik ertönt, legt es los. Die beiden sind schon länger in der Einrichtung und gehören einfach dazu. Seit zwei Monaten nun sind zwei Kinder aus geflüchteten Familien da, Geschwister. Sie kommen aus Syrien und leben mit ihren Eltern in einer nahe gelegenen Wohnunterkunft. Obwohl sie anfangs kein einziges Wort Deutsch sprachen, verständigen sie sich irgendwie mit den anderen Kindern. Vor allem das ältere Mädchen scheint gut zurechtzukommen und kennt schon viele Alltagsbegriffe. Während Sie im Kopf noch die einzelnen Kinder durchgehen, stellt die Leiterin eine Frage an das Team: „Sagt mal, wer von Euch hat denn als Kind mal Theater gespielt? Und vor allem: Wem hat es Spaß gemacht?“

↘ KOMPETENZEN

→ *Die Absolventinnen und Absolventen verfügen über Wissen über die Bedeutung kultureller Bildungsprozesse für die Entwicklung von Kindern und Jugendlichen.*

→ *Die Absolventinnen und Absolventen reflektieren die biografischen Anteile des eigenen Handelns und ziehen entsprechende Schlussfolgerungen für die Entwicklung ihrer beruflichen Identität.*

Wissen + Verstehen

1 Theaterformen kennen

a) Teilen Sie folgende Begriffe in der Gruppe untereinander auf, und holen Sie Informationen zu den jeweiligen Theaterformen ein:

- → jeux dramatique
- → Figurentheater
- → klassisches Theater
- → Performance
- → Improvisationstheater
- → Statuentheater
- → Forumtheater
- → Dokumentartheater
- → Tanztheater
- → Clownstheater
- → Mitspieltheater

b) Stellen Sie sich die Erläuterungen zu diesen verschiedenen Theaterformen in der Lerngruppe vor. Tauschen Sie sich anschließend darüber aus, welche davon Ihnen bekannt sind und welche Sie für die pädagogische Praxis für besonders interessant halten.

Theaterform	Bedeutung für die pädagogische Praxis

2 Theater und Inklusion

Analyse + Bewertung

> Jedes Theaterstück lebt davon, dass ganz unterschiedliche Charaktere darin auftauchen. Das erzeugt Spannung, Komik und Überraschungen. Sollte Theater als Medium genau deswegen besonders geeignet sein, in sehr heterogenen Gruppen deren Vielfalt wertzuschätzen und zu befördern?

Querschnittsaufgabe: Inklusion

Suchen Sie im Internet oder in der Literatur nach praktischen Beispielen für „inklusive Theaterprojekte", und stellen Sie sich diese in der Gruppe gegenseitig vor. Beantworten Sie dabei folgende Fragen. (Ein Beispiel ist der Film „Jedes Kind kann mitspielen" *Ein Beitrag auf dem Weg zur Inklusion, Elbkinder – Vereinigung Hamburger Kindertagesstätten 2012.*)

→ Was hat Sie besonders angesprochen, berührt oder überrascht?

→ Welche Argumente für ein gemeinsames Miteinander aller – egal ob mit oder ohne Behinderung – können Sie aus diesem Film entnehmen?

→ Warum erweist sich das Theaterspielen aus Ihrer Sicht als geeignetes Medium?

3 Chancen der Theaterpädagogik

Reflexion

a) Beantworten Sie sich folgende Fragen:

→ Wie ist Ihr persönliches Verhältnis zum Theater? Sammeln Sie alle Assoziationen, die Ihnen jetzt einfallen.

→ Haben Sie als Kind/als Jugendliche Theater gespielt? An welche Rollen können Sie sich erinnern? Waren das „Wunsch-" oder „Muss-Rollen"?

Wunsch-Rollen:	**Muss-Rollen:**
______________________	______________________
______________________	______________________
______________________	______________________

→ Welche Rolle würden Sie gerne (vielleicht auch nur in Ihrer Fantasie) einmal spielen?

→ Was bedeutet es für Sie, vor Publikum zu stehen?

→ Kennen Sie Lampenfieber?

→ Haben Sie Lust, mit Kindern Theater zu spielen?

Analyse + Bewertung

b) Tauschen Sie sich über Ihre persönlichen Erfahrungen mit Theater und Theaterspielen aus. Bewerten Sie gemeinsam folgende Erinnerungen:

I. „Ich wollte als Kind so gerne im Märchen den König spielen, eigentlich nur wegen der glänzenden Krone – und dann war ich sehr stolz, als ich die Rolle auch spielen durfte. Ich habe im ganzen Stück kein Wort gesagt, aber sehr erhaben auf meinem Thron gesessen."

II. „Ich erinnere mich daran, dass ich jedes Jahr im Krippenspiel in der Kirche mitgespielt habe. Jedes Jahr war ich aufgeregt, wenn es um die Verteilung der Rollen ging. Ich hätte gerne die Maria gespielt. Aber das wollten ja viele. Und jedes Jahr fiel die Wahl auf eines der blonden Mädchen. Als ich dann auch noch stattdessen den Josef spielen musste, war das ganz schlimm für mich. Danach habe ich nie wieder beim Krippenspiel mitgemacht und wollte auch nie wieder Theater spielen."

III. „Wir haben in der Schule mal so ein Projekt gemacht. Es ging eigentlich um Berufe. Aber dabei haben wir auch Theater gespielt. Ich wollte erst gar nicht. Und in der Szene hatte ich dann auch noch einen ganz schlimmen Chef. Im Theater habe ich dem dann so richtig die Meinung gesagt. Mit auf den Tisch hauen und so. Als meine Lehrerin das Stück angesehen hat, war sie total überrascht, weil ich sonst doch eher schüchtern war."

Querschnittsaufgaben

Welche Chancen sehen Sie aufgrund dieser Beispiele und Ihrer eigenen Erfahrungen im Einsatz von Theater in der pädagogischen Arbeit?

Planung + Konzeption

4 Theater-Spiele durchführen

a) Sammeln Sie gegensätzliche (Charakter-) Eigenschaften wie wild – sanft, wütend – ängstlich etc. Erfinden Sie eine Mitspielgeschichte, in der möglichst verschiedene Eigenschaften und Gefühle vorkommen.

b) In Vierer-Gruppen lesen Sie nacheinander Ihre Geschichten vor, die Zuhörenden sind gleichzeitig Spieler und setzen alle Adjektive spontan in Bewegung und Gestik um.

Wählen Sie eine gemeinsame Lieblingsgeschichte aus.

c) Präsentieren Sie sich gegenseitig Ihre lebendigen Geschichten.

Reflexion

d) Tauschen Sie sich zu dritt über Ihre Erfahrungen aus.

→ Mit welcher Aufgabe bzw. in welcher Rolle haben Sie sich besonders wohlgefühlt?

→ Welche Geschichten ließen sich gut spielerisch umsetzen? Wodurch wurde das erreicht?

4: Planung und Anleitung von Spielen und Spieleinheiten

Sie arbeiten in einer Ganztagsgrundschule. Am Nachmittag gibt es eine Spielzeit für die Schulkinder. Meistens können diese sich dann frei aussuchen, mit wem und was sie spielen wollen. Allerdings fällt Ihnen auf, dass sich dadurch bestimmte Cliquen immer wieder zusammentun und es kaum Wechsel bei den Spielpartnern gibt. Einige Kinder wirken damit gar nicht so glücklich. Daher überlegen Sie, den Kindern gemeinsame Spiele für alle vorzuschlagen. Ihre Hoffnung ist, dass Sie durch unterschiedliche Spiele die Vorlieben möglichst vieler Kinder treffen und den Kindern neue Erfahrungen auch mit anderen als den üblichen Spielpartnern ermöglichen könnten.

↘ KOMPETENZEN

→ *Die Absolventinnen und Absolventen verfügen über Fertigkeiten, individuelle und gruppenbezogene Impulse für Bildungs- und Entwicklungsprozesse zu gestalten und dabei Ausdrucksweisen und Selbstbildungsprozesse von Kindern, Jugendlichen und jungen Erwachsenen ressourcenorientiert zu berücksichtigen.*

1 Spielhemmende und spielfördernde Faktoren

Reflexion

Um andere Menschen ins Spiel zu bringen, sie für Spiele zu begeistern und gut anleiten zu können, ist es nicht nur hilfreich, sondern sogar notwendig, die eigenen Erfahrungen mit Spiel zu reflektieren.

a) Welche Spiele haben Sie in unterschiedlichen Lebensphasen gerne gespielt, welche mochten Sie gar nicht? Was war es, was Ihnen an einem Spiel gefallen oder Ihnen ein anderes Spiel verleidet hat?

Tragen Sie in die folgende Tabelle Ihre Lieblingsspiele und Ihre absolut ungeliebten Spiele ein, und benennen Sie, warum Ihnen das jeweilige Spiel gefallen bzw. nicht gefallen hat.

	Lieblingsspiele	weil ...	Ungeliebte Spiele	weil ...
als Kind				
als Jugendliche/-r				
heute				

Analyse + Bewertung

b) Finden Sie eine Partnerin, die im Klassenraum in der Regel sehr weit von Ihnen entfernt sitzt.

Vergleichen Sie Ihre Tabellen.

→ Gibt es Spiele, die Sie beide gern bzw. ungern spielen? Sind dafür die gleichen Gründe ausschlaggebend?

→ Finden Sie ein Spiel, welches eine von Ihnen gerne, die andere gar nicht mag?

→ Kennzeichnen Sie in Ihren Tabellen die Gründe, die bei Ihnen beiden vorkommen, indem Sie die Felder farbig markieren.

c) Versuchen Sie, aus diesen auf die einzelnen Spiele bezogenen Aspekten, allgemeine Sätze für Ihr eigenes Spielverhalten zu formulieren:

Ich spiele gerne, wenn …

→ ich mich in einer Gruppe wohlfühle.

→ ______________________________

→ ______________________________

→ ______________________________

→ ______________________________

→ ______________________________

→ ______________________________

→ ______________________________

→ ______________________________

→ ______________________________

→ ______________________________

Ich spiele nicht gerne, wenn …

→ ich weiß, dass ich verlieren werde.

→ ______________________________

→ ______________________________

→ ______________________________

→ ______________________________

→ ______________________________

→ ______________________________

→ ______________________________

→ ______________________________

→ ______________________________

d) Jeweils zwei Paare bilden eine Gruppe. Vergleichen Sie nun die gefundenen Sätze. Kennzeichnen Sie die Aspekte, die mehrfach vorkommen.

Sammeln Sie nun in der Gruppe spielfördernde und spielhemmende Faktoren.

e) Die Gruppen schreiben die spielfördernden und spielhemmenden Faktoren auf Moderationskarten. Möglichst sollte die ganze Gruppe dieselben Farben benutzen.

Eine Gruppe beginnt mit der Präsentation ihrer Ergebnisse, die anderen ergänzen. Betrachten Sie im Plenum das Gesamtergebnis.

Spielfördernde Faktoren

gute Atmosphäre in der Gruppe

Spielhemmende Faktoren

Angst, zu verlieren

Analyse + Bewertung

Querschnitts-aufgabe: Inklusion, Partizipation, Prävention

2 Spiele für verschiedene Zielgruppen sammeln

a) Jede Gruppe wählt eine der folgenden Zielgruppen und überprüft, ob die in Aufgabe 1 genannten Faktoren auch für diese Gruppe zutreffen bzw. welche spielfördernden oder spielhemmenden Faktoren möglicherweise ergänzt werden müssen.

Mögliche Zielgruppen: Vorschulkinder/Schulkinder/ reine Jungengruppe/reine Mädchengruppe/altersgemischte Gruppe mit Kindern von zwei bis 12 Jahren/Erwachsene bei einem Elternabend/Kinder aus verschiedenen Ländern und Kulturen/Menschen mit körperlicher und/oder geistiger Behinderung/alte Menschen usw.

Zielgruppe: ______________________________

Planung + Konzeption

b) Finden Sie ein Spiel, das Ihnen persönlich gefällt, von dem Sie aber glauben, dass es der Großteil Ihrer Lerngruppe nicht kennt. Beschreiben Sie dieses Spiel so, wie es Ihrer Meinung nach in einem guten Spielebuch stehen könnte. Beschränken Sie sich auf höchstens eine DIN-A4-Seite. Sie können auch Symbole oder Zeichnungen verwenden.

Reflexion

c) Tauschen Sie Ihre Spielbeschreibung möglichst mit einem Partner, der Ihr Spiel nicht kennt, aus und geben Sie sich gegenseitig ein Feedback. Folgende Fragen können Ihnen dabei helfen.

→ Sind die Regeln und der Verlauf des Spiels verständlich dargestellt?

→ Haben Sie alle wichtigen Informationen erhalten?

- → Welche Fragen sind offen geblieben, bzw. was sollte aus Ihrer Sicht ergänzt werden?
- → Haben Sie Lust bekommen, das Spiel zu spielen?
- → Würden Sie diese Spielbeschreibung einem Verlag empfehlen?

Methodenhinweis

Wenn Sie sich in der Klasse auf eine in etwa einheitliche Form und Darstellungsweise Ihrer Spielbeschreibungen einigen, können Sie auf diese Weise eine Spielkartei anlegen. Diese kann im Verlauf der Ausbildung fortlaufend ergänzt werden. So haben Sie alle einen wachsenden Fundus an Spielideen.

d) Stöbern Sie in der Bibliothek oder in pädagogischen Einrichtungen nach Spielbüchern. Versuchen Sie, eines zu finden, das Ihnen gefällt. Stellen Sie sich diese Bücher gegenseitig vor, und begründen Sie Ihre Wahl.

3 Spiele bewerten und verändern – am Beispiel von Wettspielen (vgl. „Kein Kinderkram!", Bd. 2, Lernfeld 4, Kap. 10.2.3)

→ Bd. 2, S. 146

Reflexion

Querschnittsaufgabe: Wertevermittlung, Inklusion, Prävention

a) Wie beurteilen Sie den Einsatz von Wettspielen in der Arbeit mit Kindern und Jugendlichen?

Finden Sie Argumente dafür und Argumente dagegen.

Pro	**Contra:**
______________________	______________________
______________________	______________________
______________________	______________________
______________________	______________________
______________________	______________________

b) Bilden Sie Gruppen mit vier bis fünf Teilnehmenden.

- → Erzählen Sie sich von Ihren Erfahrungen mit Wett- und Konkurrenzspielen. Welche Gefühle haben Sie bei dem jeweiligen Spiel erlebt? Was war für Sie positiv, was negativ?
- → Vergleichen Sie Ihre Argumente pro und contra Wettspiele.
- → Wählen Sie ein Wettkampfspiel aus und verändern Sie dieses Spiel so, dass es ein Spiel ohne Sieger wird. Überarbeiten Sie es so lange, bis es für Sie auch in der veränderten Form Spaß und Spannung beinhaltet. Geben Sie Ihrem Spiel einen Titel.

Planung + Konzeption

c) Jede Gruppe leitet das von ihr entwickelte Spiel nun mit einem Teil oder der gesamten Klasse an. Die Spielenden geben ein Feedback

1. zum Spiel: Was hat Ihnen am Spiel gefallen und was würden Sie (weiter) verändern?

2. zur Spielanleitung: Was war gelungen, und was könnten die Spielleiter besser machen?

d) An einer Podiumsdiskussion über den Einsatz von Wettspielen nimmt aus jeder Gruppe eine Studierende teil. Wählen Sie außerdem eine Moderatorin aus der Gruppe. Sie können vor und nach der Diskussion eine Erhebung in Ihrer Lerngruppe machen, wie viele von Ihnen eher für, eher gegen oder unentschieden bezüglich des Einsatzes von Wettspielen sind.

4 Eine Spieleinheit ausarbeiten und durchführen

Planung + Konzeption

a) Wählen Sie eine der in Aufgabe 2a) genannten Zielgruppen aus, die Sie persönlich interessiert oder mit der Sie gerade im Rahmen eines Praktikums Kontakt haben.

Ihre Aufgabe ist es, für diese Zielgruppe eine Spieleinheit von mindestens 20, höchstens 60 Minuten auszuarbeiten.

Wählen Sie dafür aus folgenden Themen eines aus:

- → Bewegung und Entspannung
- → Bewegungsspiele auf kleinem Raum
- → Ermutigungsspiele für Schüchterne
- → Kraftprotze zeigen, was in ihnen steckt
- → Die Rolle meines Lebens
- → Musik spielt mit
- → Hauptsache draußen
- → Spiele ohne Sieger

Erarbeiten Sie einen Ablauf. Berücksichtigen Sie die Phasen einer Spieleinheit nach Kap. „Kein Kinderkram!", Bd. 2, Lernfeld 4; Kap. 10.5.4.

→ Bd. 2 S. 175

b) Stellen Sie sich gegenseitig Ihre Entwürfe vor, und geben Sie einander Feedback.

Wählen Sie ein Konzept, das Sie mit der ganzen Gruppe praktisch durchführen möchten. Entscheiden Sie miteinander, wer welche Teile anleitet und wer als Beobachterin von außen die Einheit begleitet.

c) Führen Sie einzelne Spieleinheiten mit der Gesamtgruppe durch.

→ *Bd. 2, S. 176 f.*

Berücksichtigen Sie im Feedback folgende Aspekte (vgl. „Kein Kinderkram!“, Bd. 2, Lernfeld 4, Kap. 10.5.5):

- → subjektives Erleben: Wie haben sich die Spielerinnen gefühlt? Wie ist es den Anleitenden ergangen?
- → Feedback zur Anleitung: Was war hilfreich in der Anleitung? Wo sind Verbesserungen möglich?
- → Reflexion der Methoden: Passt das Konzept zu der ausgewählten Zielgruppe?

Reflexion

d) Formulieren Sie ein persönliches Resümee:

Meine Zielgruppe: ______________________________

Mein Thema: ______________________________

Mein Konzept (in Stichworten):

____

____

____

____

____

____

Meine Anleitung:

1. Habe ich mein Konzept durchgeführt? Warum ja/nein?
2. Wie bewerte ich den Verlauf? Womit bin ich zufrieden? Was würde ich beim nächsten Mal verändern?
3. Was hat mir selbst Spaß gemacht? Was ist mir schwergefallen?

____

____

____

____

____

____

Mein Feedback:

1. Welche Rückmeldungen habe ich von den anderen erhalten?
2. Welches Feedback war für mich besonders hilfreich? Was davon möchte ich beim nächsten Mal berücksichtigen bzw. umsetzen?

____

____

____

____

____

____

____

5 Spielleitungsqualitäten

Reflexion

a) Wie schätzen Sie Ihre persönlichen Spielleitungsqualitäten ein? Erstellen Sie eine Liste Ihrer persönlichen Fähigkeiten (mindestens 10). Berücksichtigen Sie die Bereiche Planung, Durchführung und Reflexion.

Meine Qualitäten als Spielleiter/als Spielleiterin:

1 ____________________

2 ____________________

3 ____________________

4 ____________________

5 ____________________

6 ____________________

7 ____________________

8 ____________________

9 ____________________

10 ____________________

b) Wählen Sie einen Partner, dem Sie Ihre Liste vorstellen. Welche Fähigkeiten Ihres Partners hätten Sie auch gerne?

Was ich von ____________________ lernen kann:

Gestalterische Ausdrucksmöglichkeiten

→ Bd. 2, S. 223 ff.

1: Kreative Persönlichkeiten erkennen und fördern

Während Ihres Praktikums beobachten Sie ein fünfjähriges Mädchen: Ava sitzt vor einem Blatt Papier, malt Pfeile, geometrische Formen und eine Treppe. Dabei grübelt sie immer wieder zwischendurch, indem sie ihren Kopf auf einen Arm stützt und die Stirn runzelt. Ava erzählt Ihnen: „Das wird eine Erfindungsmaschine! Das ist meine Idee! Die kann alles erfinden. Hier geht's los." Sie sind beeindruckt vom Ideenreichtum und der Kreativität des Kindes.

Allerdings ist es manchmal anstrengend, wenn Ava ihre Ideen auch in die Tat umsetzen will: Dann geht sie völlig in ihrer Tätigkeit auf, bekommt vom Gruppengeschehen nichts mehr mit und hört z. B. auch nicht, wenn sie aufräumen soll.

Einige Tage später baut Ava eine Hängebrücke aus verschiedenen Hölzern und will Stoffreste aus dem Kreativbereich zusammentackern und sie mit Tesafilm an den Hölzern befestigen. Ava fängt an zu weinen und zu schreien, als ihr dies von der Gruppenleiterin nicht erlaubt wird. Diese meint: „Ständig stellt sie sich so an! Alles verwurstet sie. Und überall fliegt ihr gebasteltes Zeug rum, das passt in keine Schublade. Die anderen Kinder im Kreativbereich sind viel pflegeleichter."

Ihnen fällt auf, dass Ava sich meist alleine beschäftigt, aber dabei durchaus zufrieden wirkt. Und obwohl sie bei ihrer Plan-Erstellung lange und konzentriert am Tisch sitzt, verbreitet sie im Stuhlkreis und beim Essen oft Unruhe, quatscht dazwischen und zappelt herum. Als sie eine weitere Kollegin im Gruppenraum auf Ava ansprechen, meint diese: „Ja, pflegeleicht und angepasst ist sie nicht, aber das sollte ja auch nicht Ziel unserer Arbeit hier sein, meinst du nicht?!"

Aufgabe:

Welche Kompetenzen werden in solchen Prozessen geübt?

Junge, 2;6 Jahre

↘ KOMPETENZEN

- → *Die Absolventinnen und Absolventen verfügen über die Fertigkeiten, Interessen und Potenziale von Kindern zu analysieren und diese bezüglich ihrer Bedeutung für Entwicklungs- und Bildungsprozesse zu beurteilen.*
- → *Die Absolventinnen und Absolventen verfügen über die Fertigkeiten, Kompetenzen und Stärken eines Kindes zu erfassen und einzubinden.*

→ Bd. 2, S. 223 ff.

1 Bereiten Sie sich vor, indem Sie sich in „Kein Kinderkram!", Bd. 2, Lernfeld 4 mit dem Kapitel 12.3 „Gestalterische Arbeiten für die Entwicklung und Förderung der Kreativität von Kindern, Jugendlichen und Gruppen" befassen.

Ob „Suppenkasper", „Max und Moritz", „Pippi Langstrumpf" oder „Michel": In unseren Kindergärten haben solche Kinder natürlich ganz alltägliche Namen aus unterschiedlichen Kulturen. Solch „auffällige" Kinder als „Störfaktor" im Bildungssystem sind keine neue Erscheinung. Regelmäßig sind solche Persönlichkeiten Thema in der Erziehung und den Bildungseinrichtungen. Selbstverständlich hat kindliches Verhalten unterschiedliche Ursachen. Diese können organisch, aber auch im familiären und allgemein sozialen Umfeld begründet sein. Sie können aber auch in der Persönlichkeit des Kindes liegen. Beispielsweise, wenn ein Kind über ein erhöhtes kreatives Potenzial verfügt. Aber nicht jedes Kind, das sich verhält wie Michel, ist kreativ.

Oft wird Kreativität mit Hochbegabung in Zusammenhang gebracht, und diese wird in der Regel nur am Intelligenzquotienten gemessen. Hierfür wurden zahlreiche Verfahren entwickelt. Das Merkmal „Kreativität" scheint jedoch schwerer zu erfassen zu sein als „Intelligenz".

Die **Renzulli-Hartmann Skala** listet charakteristische und beobachtbare Eigenschaften von kreativen Kindern auf. Sie soll helfen, die „ungeliebten" kreativen Schüler und Schülerinnen zu erkennen, die Achtsamkeit der Lehrpersonen dafür zu erhöhen und das Entstehen von „Minderleistern" und „Minderleistung" zu verhindern.

2 **a)** Nachdem Sie sich in Ihre Praxisgruppe eingewöhnt haben und die Kinder etwas kennen, notieren Sie bitte die Kinder, von denen Sie meinen, dass sie „kreativer" seien als andere. Woran machen Sie das fest?

Analyse + Bewertung

____

____

b) Stellen Sie dann bitte Beobachtungen folgender Kriterien an: Ist das Kind besonders neugierig, frech, kompromisslos, unangepasst, abenteuerlustig, fantasievoll, humorvoll, impulsiv, kritisch u.a.? Besitzt das Kind einen Sinn für Schönheit? Vergleichen Sie das Ergebnis mit Ihrer ersten Liste.

Name der Schülerin / des Schülers: **II. Kreativität**						
Die Schülerin / der Schüler zeigt …	nie	sehr selten	selten	manch-mal	oft	immer
1. kreatives und schöpferisches Denkvermögen	☐	☐	☐	☐	☐	☐
2. einen Sinn für Humor	☐	☐	☐	☐	☐	☐
3. die Fähigkeit, ungewöhnliche, einzigartige oder einfallsreiche Antworten zu finden	☐	☐	☐	☐	☐	☐
4. Abenteuergeist oder die Bereitschaft, Risiken einzugehen	☐	☐	☐	☐	☐	☐
5. die Fähigkeit, eine grosse Anzahl von Ideen oder Lösungen auf Probleme oder Fragen hervorzubringen	☐	☐	☐	☐	☐	☐
6. die Tendenz, in bestimmten Situationen zu schmunzeln, die andere nicht lustig finden	☐	☐	☐	☐	☐	☐
7. die Fähigkeit, Dinge oder Ideen anzupassen, zu verbessern oder abzuändern	☐	☐	☐	☐	☐	☐
8. intellektuelle Verspieltheit, die Bereitschaft, Fantasie zu zeigen und mit Ideen zu spielen	☐	☐	☐	☐	☐	☐
9. keine Furcht, anders als die anderen zu sein, ist kein Mitläufer	☐	☐	☐	☐	☐	☐

Kolonnensumme (Anzahl Kreuze):						
Multiplizieren mit Faktor:	1	2	3	4	5	6
Zwischentotal pro Kolonne (Punkte):						
Skalentotal II (= Summe von Zwischentotal; Punkte in der Auswertungstabelle eintragen):						

c) Lesen Sie in „Kein Kinderkram!", Bd. 2, Lernfeld 4, Kap. 1.2.3.4 und 1.2.3.5, und vergleichen Sie das Konzept von M. Csikszentmihalyi zur kreativen Persönlichkeit mit den oben genannten Kriterien. Tauschen Sie sich in Ihrer Ausbildungsklasse aus:

→ *Bd 2, S. 228 ff.*

Sehen Sie Überschneidungen? Fehlen Ihnen Merkmale?

Renzulli-Hartmann Skala				
	1	2	3	4
Zeigt außergewöhnliche Neugierde für verschiedene Bereiche, stellt fortwährend und hartnäckig Fragen				
findet viele Ideen und Lösungsvorschläge für anstehende Probleme oder Fragen; auch unübliche, einzigartige, freche, raffinierte Möglichkeiten				
teilt seine Meinung vehement und ungehemmt mit; kann radikal und kompromisslos beharrlich bleibe				
ist risikobereit, abenteuerlustig und provokativ				
zeigt oft intellektuelle Verspieltheit; fantasiert, überlegt („Was wäre wenn …")				
verändert, erweitert, verbessert, oder verschönert Aufträge, Gegebenes,Objekte oder auch Organisationsformen				
zeigt großen Humor, erkennt auch Situationskomik, schmunzelt auch, wo andere nichts Lustiges erkennen				
zeigt emotionale Intelligenz, ist sich seiner Impulsivität meist bewusst und steht zu dieser irrationalen Seite (Knaben zeigen auch ihre feminine Seite, Mädchen leben eher ihre Unabhängigkeit)				
Sinn für Schönheit in verschiedenen Ausdrucksweisen, beachtet die ästhetischen Eigenschaften der Dinge in seiner Umwelt, ist nicht angepasst, kann mit Unordnung und Systemlosigkeit leben, interessiert sich nicht für Details, braucht seinen eigenen Stil und fürchtet auch das Anderssein nicht				
übt oft konstruktive Kritik; kann schlecht autoritär verordnete Vorgaben annehmen; prüft alles zuerst mit kritisch neugierigem Geist				

(Eisenbart, 2004, www.unterrichtsentwicklung.ch, 16.9.2013)

Wissen + Verstehen

3 Befassen Sie sich mit den „Grenzsteinen der Entwicklung" (INFANS), und ergründen Sie, welche der dort aufgeführten Kompetenzen Kinder und Jugendliche erwerben und üben, wenn sie malen, zeichnen oder gestalterisch tätig sind.

Der folgende Beobachtungsbogen stammt aus dem INFANS-Konzept. Es kennt acht Bildungsbereiche bzw. Zugänge:

- → Sprache
- → Logik und Mathematik
- → Bewegung
- → Musik
- → Soziales Verständnis
- → Mechanik und Konstruktion
- → Wissenschaft
- → Bildende Kunst

Im Bildungsbereich **Bildende Kunst** geht es dabei nicht primär darum, das „kreative Potenzial" einzelner Kinder zu erfassen, sondern darum, ob die Bildende Kunst ein Zugang ist, den das Kind zur Welt wählt oder der ihm näher liegt. Trotzdem ist es ein Bereich, der in aller Regel in einen engeren Zusammenhang mit Kreativität gebracht wird.

Zum Konzept INFANS gehören die „Grenzsteine der Entwicklung". Diesen liegt unter anderem das Intelligenzmodell von Howard Gardner zugrunde, das neun Intelligenzen auflistet: sprachliche, musikalische, logisch-mathematische, räumliche, körperlich-kinästhetische, intrapersonale, interpersonale, naturalistische und existenzielle Intelligenz. Leider wird nicht auch explizit eine „kreative Intelligenz" ausgewiesen.

Projektverbund Bildung in der Kindertageseinrichtung, Bildungsbereiche/Zugangsformen für Kinder ab drei Jahre	
Bildungsbereich Bildende Kunst (bitte ankreuzen, was zutrifft)	
1. Ist sich das Kind visueller Elemente in der Umwelt und in Kunstwerken bewusst (z. B. Farben, Linien, Formen, Muster, Details)?	
2. Ist das Kind sensibel in Bezug auf unterschiedliche künstlerische Stilrichtungen (unterscheidet es z. B. zwischen abstrakter Kunst und Realismus oder Impressionismus)?	

Projektverbund Bildung in der Kindertageseinrichtung, Bildungsbereiche/Zugangsformen für Kinder ab drei Jahre	
Bildungsbereich Bildende Kunst (bitte ankreuzen, was zutrifft)	
3. Ist das Kind daran interessiert, die sichtbare Welt in zwei oder drei Dimensionen akkurat darzustellen?	
4. Benutzt das Kind beim Malen realistische Proportionen, detaillierte Züge, eine überlegte Auswahl von Farben?	
5. Benutzt das Kind verschiedene künstlerische Elemente (z. B. Linien, Formen, Farben), um Gefühle darzustellen, bestimmte Effekte zu erzielen und Zeichnungen oder dreidimensionale Gebilde zu schmücken?	
6. Stellt das Kind starke Empfindungen durch zeichnerische Repräsentation (z. B. lächelnde Sonne, weinendes Gesicht) und abstrakte Merkmale (z. B. dunkle Farben oder fallende Linien) dar, um Traurigkeit auszudrücken?	
7. Wirken die Zeichnungen oder Skulpturen, die das Kind anfertigt, „lebhaft", „traurig" oder „machtvoll"?	
8. Zeigt das Kind Interesse an Dekoration und Verschönerung?	
9. Wirken die Zeichnungen des Kindes farbenfroh, ausgewogen, rhythmisch oder wie eine Kombination dieser Merkmale?	
10. Ist das Kind beweglich und erfindungsreich im Gebrauch von künstlerischem Material (z. B. experimentiert es mit Schminke, Kreide, Ton)?	
11. Benutzt das Kind Linien und Profile, um in zwei- oder dreidimensionalen Arbeiten eine große Anzahl von Formen (z. B. offen oder geschlossen, explosiv oder kontrolliert) zu schaffen?	
12. Ist das Kind geschickt darin, einige Motive oder Themen auszuführen (z. B. Leute, Tiere, Gebäude, Landschaften)?	
Anzahl der angekreuzten Fragen (Rohwert)	
Profilwert nach Umrechnungstabelle	

Analyse + Bewertung

4 Diese Zeichnung stammt von einem Jungen im Alter von 1;7 Jahren. Das Kind hielt den Stift in Schreibhaltung in der rechten Hand und zeichnete aus dem Handgelenk. Die Zeichnung misst ca. zehn mal sieben Zentimeter.

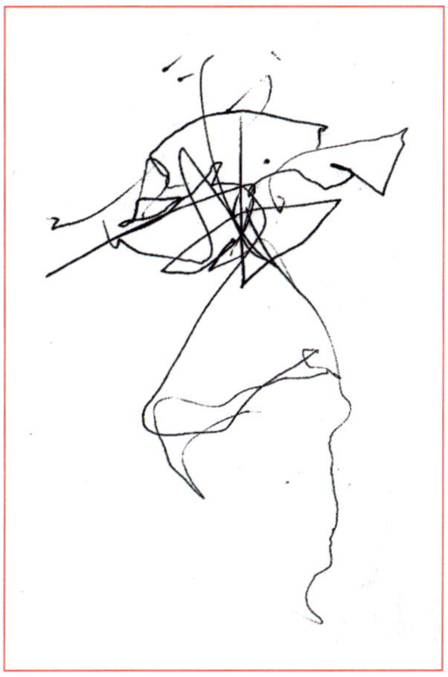

Der Junge zeichnet nicht immer und auch nicht immer auf eine Anregung hin. Aber er holt sich immer wieder Papier und Stifte, um dann aus eigener Initiative heraus zu zeichnen. Dann kann er durchaus eine größere Anzahl von Bildern produzieren. Auf manche ist er auch stolz, zeigt sie und möchte sie gewürdigt sehen.

Wenn er Erwachsene beim Schreiben oder Zeichnen sieht, verlangt er immer wieder nach Papier und Stift und zeichnet und schreibt dann mit.

a) Beobachten Sie Kinder bei gestalterischen Tätigkeiten in Ihrer Praxiseinrichtung.

b) Sammeln Sie Kinderzeichnungen, und notieren Sie dazu die äußeren Rahmenbedingungen und Ihre Beobachtungen.

c) Befassen Sie sich mit der Entwicklungspsychologie, und machen Sie sich jeweils ein Bild davon, welchem Entwicklungsstand die jeweiligen Kinderzeichnungen entsprechen (vgl. „Kein Kinderkram!", Bd. 2, Lernfeld 4, Kap. 12.6.2).

→ Bd. 2, S. 249 ff.

Analyse + Bewertung

5 Beobachten Sie einzelne Kinder in ihrem Verhalten im Alltag des Kindergartens:

- → Nehmen sie sich Auszeiten, ziehen sich immer wieder einmal zurück und wollen nicht gestört werden?
- → Können sie sich Tagträumen hingeben oder sinnieren sie manchmal einfach vor sich hin?
- → Stellen sie spontane Impulse zurück und können sie auf einen günstigeren oder passenden Zeitpunkt warten?
- → Ergreifen sie aus einer „Leerlaufphase“ heraus Initiative und nehmen dann von sich aus eine Beschäftigung auf?
- → Suchen sie solche Leerlaufphasen, in denen keine konkrete Aufgabe ansteht?
- → Wollen sie ihre jeweilige Arbeit zu Ende führen?
- → Wie lange verweilen sie bei einer Tätigkeit und können sich konzentrieren?
- → Reagieren sie sensibel oder schreckhaft auf Geräusche?
- → Bevorzugen sie eher stille Situationen?
- → Gehen sie eher vorsichtig an neue Aufgaben heran?

a) Tauschen Sie sich mit Ihren Kolleginnen über Ihre Beobachtungen aus.

Welche Unterschiede fallen Ihnen bei den Kindern auf?

b) Befassen Sie sich eingehend mit einzelnen Kinderzeichnungen. Lassen Sie sich darauf ein. Erstellen Sie eine Kopie und führen Sie die Zeichnung weiter.

→ *Bd. 1, S. 181 f.*

Analyse + Bewertung

6 Erstellen Sie ein Soziogramm (vgl. „Kein Kinderkram!“, Bd. 1, Lernfeld 2, Kap. 6.4). In welchen Beziehungen steht das von Ihnen beobachtete Kind in der Gruppe zu anderen Kindern und Erzieherinnen?

Das könnte z. B. so aussehen:

- → grüne Linien: positive Beziehung
- → rote Linien: negative Beziehung
- → Pfeil: wer auf wen zugeht
- → Doppelpfeil: gegenseitige Beziehung

Was fällt Ihnen in Ihrer Gruppe auf?

Soziogramm:

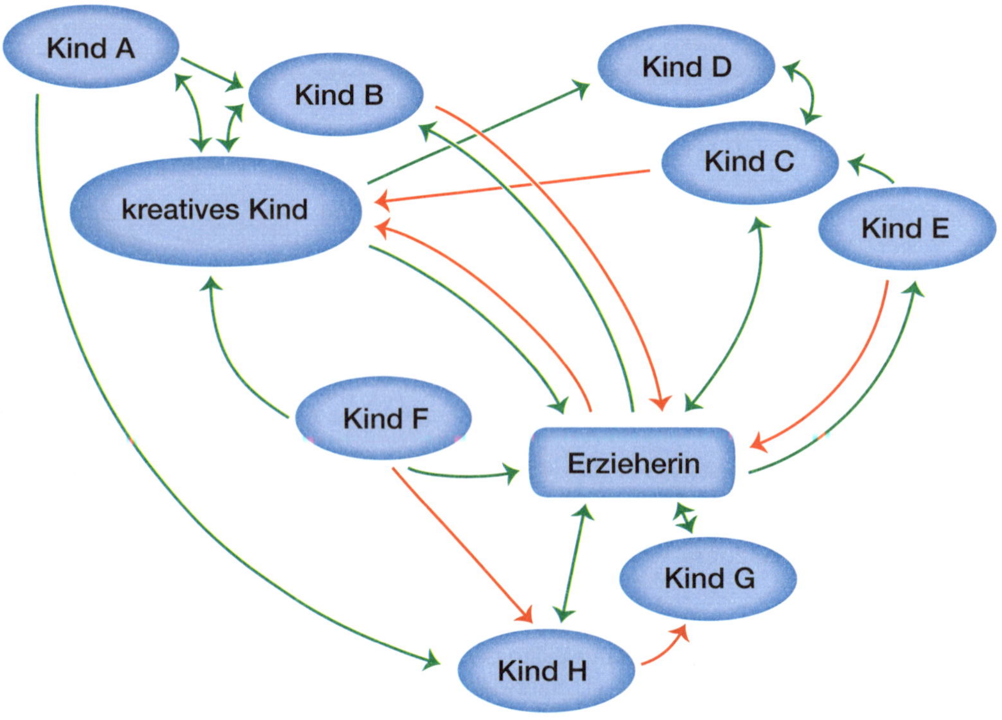

7 Tragen Sie in einer kleinen Gruppe Ihre Erfahrungen zusammen:
- → Sind die kreativeren Kinder Außenseiter – oder begehrte Spielkameraden?
- → Welche Beobachtungen machen Sie in Gruppen mit mehreren Kreativen im Vergleich zu Gruppen mit wenigen kreativeren Kindern?

Analyse + Bewertung

8 **a)** Lesen Sie in „Kein Kinderkram!", Bd. 2, Lernfeld 4, Kap. 12.3.9.

→ *Bd. 2, S. 236 ff.*

b) Beobachten Sie die Erzieherinnen und sich selbst: Wie agieren sie in Situationen, in denen Kinder kreativ werden und beispielsweise, durchaus wohlmeinend und sinnvoll, Grenzen austesten oder überschreiten?
- → Was macht die Situation mit Ihnen? Wie fühlen Sie sich?
- → Was macht die Situation mit der Gruppe?
- → Tragen Sie Ihre Beobachtungen zusammen, und überlegen Sie, ob das Verhalten die Kinder in ihrer kreativen Entwicklung unterstützt und welches Verhalten förderlich wäre.

Querschnittsaufgabe: Wertevermittlung + Inklusion

Beobachtetes eigenes Verhalten und das Erzieherinnenverhalten	Wünschenswertes, die Kreativität förderndes Verhalten

→ Bd. 2, S. 238 ff.

2: Kreative Potenziale unterstützen

In einer Kindertageseinrichtung, die nach dem offenen Konzept arbeitet, sind Sie für das Atelier eingeteilt. Dort ist sie als Kreativpädagogin für das Atelier zuständig. Sie beobachten folgende Szene:

Im Raum gehen zehn Kinder immer wieder unterschiedlichen Beschäftigungen nach. Manche malen am Tisch, drei Mädchen umfahren am Boden ihren Körper mit Stiften, zwei Jungen malen verschiedene Figuren an die Wand. Die Kinder wechseln immer wieder einmal den Ort und verweilen 10 bis 15 Minuten bei ihrer jeweiligen Tätigkeit.

Zwei fünfjährige Jungen fallen Ihnen auf. Die beiden sitzen schon seit einer knappen Stunde gemeinsam an großen Bildern und entwerfen Spielfiguren, wobei sie sich an Comichelden orientieren.

In ein paar Minuten ist es zehn Uhr, und der Morgenkreis wird beginnen. Sie weisen die beiden Jungen darauf hin, worauf diese sehr unwirsch reagieren. Sie wollen ihre Arbeit nicht unterbrechen. Schließlich werden die Jungen aktiv. Fast mit jedem Tick des Sekundenzeigers räumen sie auf und erledigen dabei einen Schritt nach dem anderen. Farben in die Kistchen, die Kistchen in die Regale, das Papier in den Papierständer, den Tisch sauber machen, Stühle heranschieben. In dem Moment, in dem der große Zeiger auf die Zwölf springt, sind sie aus dem Raum.

↘ KOMPETENZEN

- → *Die Absolventinnen und Absolventen verfügen über Wissen, um die Gestaltung und Weiterentwicklung von Lernorten und Lerngelegenheiten sowie von Erziehungs- und Bildungssituationen selbstständig zu planen, um Bildungsprozesse von Kindern anzuregen und zu verstärken sowie die Eigenaktivität von Kindern zu fördern und sich veränderten Bedingungen anzupassen.*
- → *Die Absolventinnen und Absolventen verfügen über Wissen, ein entwicklungsförderndes Umfeld unter Beachtung der Lebenswelten sowie der daraus resultierenden individuellen Bedürfnisse und Gruppeninteressen von Kindern zu gestalten.*

Kreativitätsförderung stellt in der Regel das einzelne Individuum in den Mittelpunkt. Doch das Motto „Jeder ist seines Glückes Schmied und selbst für sich verantwortlich" ist nur die halbe Wahrheit:

→ Bd. 2, S. 218 f

Auch die persönliche Umgebung, die Familie, in der man aufwächst, der Kindergarten, in dem die Kinder einen Großteil ihrer wachen Zeit verbringen, hat einen großen Einfluss (vgl. „Kein Kinderkram!", Bd. 2, Lernfeld 4, Kap. 12.2.3). Es geht nicht nur darum, Kreativität zu fördern, sondern auch darum, ausgeprägte kreative Potenziale zu unterstützen, bevor sie verschüttet werden.

1 **a)** Wenn Sie das nächste Mal in Ihre Praxiseinrichtung kommen, schließen Sie die Augen. Wie fühlt sich die Geräuschkulisse an? Wohlig, friedlich, warm, ruhig, weich, interessant, laut, aggressiv, hektisch, hart? Welche Wortfetzen oder Ausdrücke nehmen Sie wahr? Lauschen Sie an unterschiedlichen Orten.

Analyse + Bewertung

b) Informieren Sie sich eingehend über die geltenden Regeln in der Einrichtung und über die Tagesstruktur. Sind diese geeignet, um kreative Prozesse und Persönlichkeiten zu unterstützen?

Querschnittsaufgabe: Partizipation

- → Haben die Kinder Zugang zu altersgemäßen Materialien?
- → Ist die Umgebung Experimenten gegenüber aufgeschlossen?
- → Können und sollen die Kinder eigene Initiativen entwickeln?
- → Können die Kinder ihren individuellen Rhythmen folgen?
- → Können die Kinder ihre Tätigkeiten zu Ende bringen?
- → Können die Kinder Tätigkeiten auch über längere Zeiträume hinweg verfolgen, auch über zwei oder drei Stunden, oder werden sie gestört?
- → Können Kinder Interessen auch über Tage verfolgen?
- → Gibt es viele Verbote?
- → Gibt es individuelle Regelungen?
- → Wie flexibel sind Bringzeit, Frühstück, Morgenkreis, Freispiel, Angebote, Essen oder Abholzeit organisiert?

c) Tragen Sie Ihre Erfahrungen in der Gruppe zusammen.

d) Tageseinrichtung und Bildungsinstitutionen sind Betriebe mit zum Teil vielen Mitarbeitern, die Hand in Hand zusammenarbeiten müssen. Es sind auch eine Reihe gesetzlicher Vorgaben einzuhalten. Eltern und Träger stellen von ihrer Seite noch weitere eigene Anforderungen. Hier sind einige Kompromisse erforderlich, einige sind es nicht. Was sind Ihre Erfahrungen?

e) Sammeln Sie Ideen, welche Aspekte in Ihrer Einrichtung für kreative Prozesse förderlich sind.

- → Kreativität ist ein „einsames“ Geschäft. Können sich Kinder zurückziehen?
- → Dürfen sich Kinder auch langweilen?
- → Sehen Sie wünschenswerte, realisierbare Alternativen zu den in Ihrer Einrichtung geltenden Regeln und Tagesstrukturen?

2 **a)** Erkunden Sie Ihre Einrichtung. Begehen Sie alle Räume.

Analyse + Bewertung

Erstellen Sie dann einen Grundriss Ihrer Einrichtung. Beziehen Sie auch das Außengelände mit ein.

- → Wo sind laute Bereiche, wo ruhige?
- → Wo halten sich oft viele Kinder auf, wo wenige?
- → Wo dürfen sich keine Kinder aufhalten?
- → Gibt es „erzieherfreie“ Bereiche?
- → Wo befinden sich Ruhezonen?
- → Gibt es Kuschelecken?
- → Wo ist die Bibliothek? Ist sie einladend? Können die Kinder dort in Büchern schmökern?
- → Bei einer offenen Einrichtung: Wo befinden sich welche Funktionsbereiche?
- → Wo befindet sich das Atelier?
- → Bei einer Einrichtung mit Stammgruppe: Zeichnen Sie einen detaillierten Plan Ihres Gruppenraumes mit den unterschiedlichen Bereichen.
- → Wo sind die Kinder oft in Bewegung? Wo laufen oder rennen Kinder oft?
- → Achten Sie auf Bodenbeläge und Wände. Gibt es Präsentationsflächen?
- → Welche Atmosphäre spüren Sie in der Einrichtung? Lädt sie dazu ein, viele Dinge auszuprobieren?
- → Gibt es ein Farbkonzept? Wie wirken die Farben auf Sie?
- → Achten Sie auf Fenster und Fensterformen. Wie sind die Lichtverhältnisse?

Grundriss

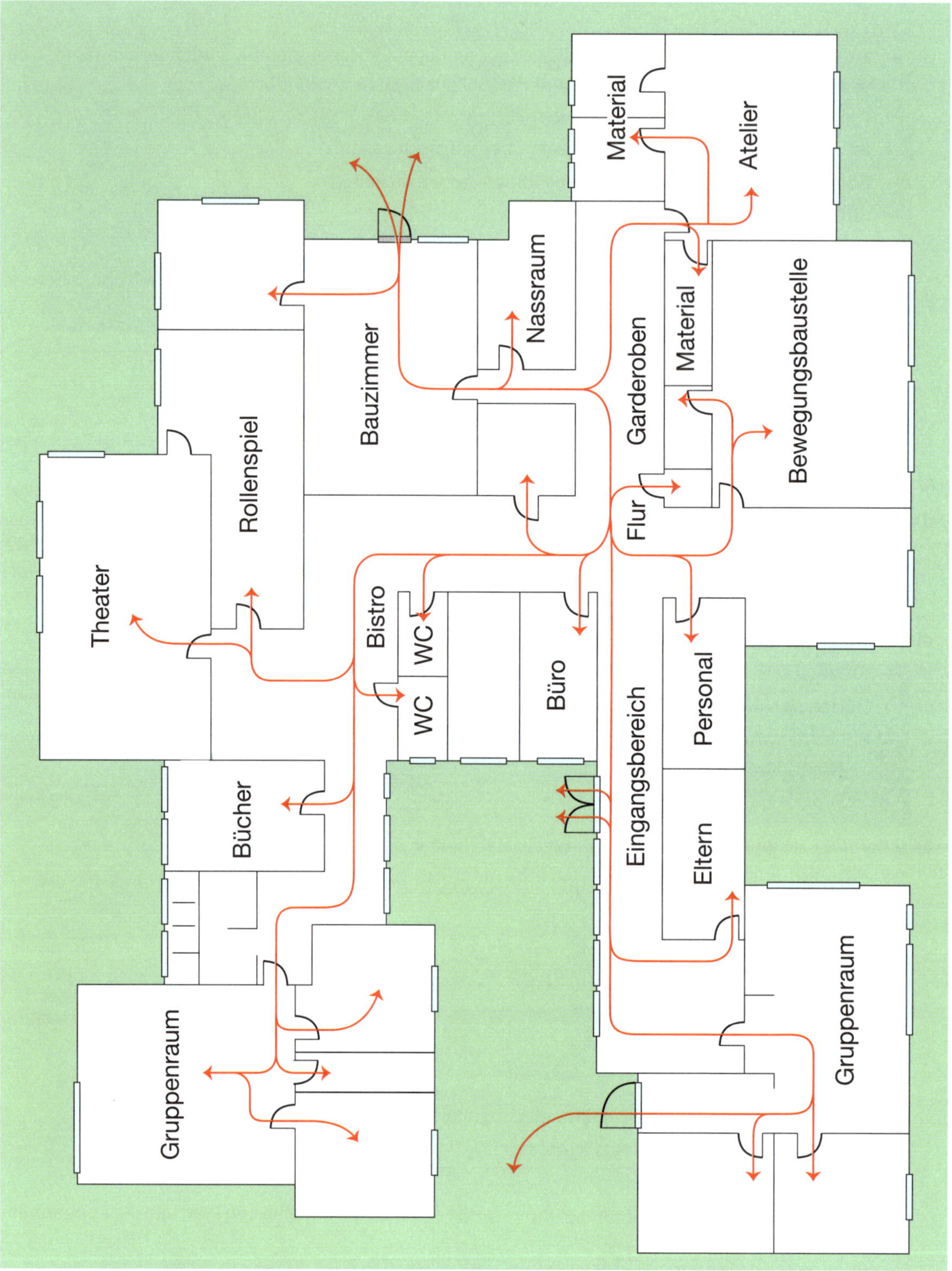

Analyse + Bewertung

b) Nehmen Sie sich einen Ihrer Pläne in einer kleinen Gruppe vor, und prüfen Sie, inwieweit die Situation kreative Prozesse und Persönlichkeiten unterstützt.

Planung + Konzeption

c) Was lässt sich verbessern? Entwickeln Sie Fantasien. Erstellen Sie entsprechend eine neue Raumnutzung.

3 **a)** Erstellen Sie eine Liste der in Ihrer Einrichtung zur Verfügung stehenden Materialien. Welche Qualität haben diese Materialien, und in welchem Zustand sind sie?

Analyse + Bewertung

Materialien	Qualität/Zustand

b) Ergänzen Sie diese Liste um Materialien, die Sie gerne zur Verfügung hätten. Informieren Sie sich, welcher Etat für die Materialbeschaffung bereitgestellt wird. Rechnen Sie: Wie viel Geld steht Ihnen pro Öffnungstag und Kind zur Verfügung?

Planung + Konzeption

Wunschmaterialien	Etat

4 **a)** Erstellen Sie eine Liste mit unterschiedlichen Techniken, die Sie in der Einrichtung kennengelernt haben oder die Sie kennen.

Wissen + Verstehen

Techniken

b) Tragen Sie nun in der folgenden Tabelle ein, welche Materialien und welche Techniken (nicht Themen) für die jeweiligen Altersstufen geeignet sein könnten.

Alter		Materialien	Techniken	
1	U 3			zunehmend: (manueller und kognitiver) Schwierigkeitsgrad, Komplexität, Risiko
2				
3				
4	Kindertagesstätte			
5				
6				
7	Grundschule/Hort			
8				
9				
10				
11	Jugend			
12				

Reflexion

Wie hat sich Ihre Sicht auf die Kinder verändert?

Können Sie es zulassen und werden in der Einrichtung individuelle Phasen der Kontemplation zugelassen?

Sprache und Sprachförderung

1: Faszination Sprache – Voraussetzungen für den Spracherwerb der Kinder

→ *Bd. 1, S. 423 ff., Bd. 2, S. 261 ff.*

Sie befinden sich mit einer Kindergruppe und den Erzieherinnen im Außengelände. Dabei beobachten Sie folgende Situationen:

Ein Kind sitzt im Kies und lässt die Hände über die Steinchen streichen, einzelne Steine hebt es an und lässt sie wieder fallen. Es „klickert“ und „klockt“. Mehrmals wiederholt das Kind fasziniert sein Tun.

Andere Kinder laufen barfuß durch den Garten und über den Kiesweg, halten bei spitzeren Steinen inne und gehen auf Zehenspitzen vorsichtig weiter. „Au, au!“, ruft ein Kind, kichert allerdings dabei.

Auf der Fensterbank liegen bemalte Steine, und einige Fünf- und Sechsjährige bauen „Steinmännchen“, wie sie sie im Urlaub beim Wandern in den Bergen gesehen haben. Sie setzen die Steine so aufeinander, dass sie nach oben hin immer kleiner werden. „Meine Steine halten einfach nicht“, meint ein Kind aber verzweifelt. „Ich bräuchte ganz andere, um höher bauen zu können. Die, die ich hier habe, sind nicht flach genug.“

„Sseine, Sseine!“, Mia (1;6 Jahre) zeigt einer Erzieherin, was sie gefunden hat. Die Erzieherin hockt sich zu Mia und lässt sich die Steine zeigen. „Die Steine hast du dir ausgesucht?! Oh, die fühlen sich ja ganz glatt an.“ Mia nickt und spielt weiter mit den Steinen.

Die Erzieherin kommt zu Ihnen und meint: „Ist Ihnen aufgefallen, was für tolle Sprachbildung stattfindet, einfach nur durch das Spiel mit Steinen?" Sie sind völlig perplex: Was sollen denn Steine mit der sprachlichen Entwicklung von Kindern zu tun haben?

↘ KOMPETENZEN

- → *Die Absolventinnen und Absolventen verfügen über fachtheoretisch vertieftes Wissen zu Entwicklungsfaktoren und -prozessen des Spracherwerbs.*
- → *Die Absolventinnen und Absolventen verfügen über Wissen über die Bedeutung der pädagogischen Grundhaltung für die Gestaltung von Bildungssituationen.*
- → *Die Absolventinnen und Absolventen verfügen über Fertigkeiten, ihre eigenen Bildungserfahrungen und Kompetenzen im Bildungsbereich Sprache zu reflektieren und weiterzuentwickeln.*

1 a) Sammeln Sie jede für sich Assoziationen zu diesem Bild.

Wissen + Verstehen

Was haben Steine mit Spracherwerb zu tun?

b) Wahrnehmungsübung *(vgl. Fuchs/Siebers, 2002, S. 25/26)*

→ Schließen Sie die Augen. Die Lehrkraft verteilt unterschiedlich geformte Steine, die möglichst viel Raum für Interpretationen lassen. Besonders einprägsam ist die Übung, wenn die Steine Überraschungen bergen.

→ Überlegen Sie: Welche inneren Bilder, Vorstellungen oder Erinnerungen ruft der Stein in Ihnen wach? Lassen Sie diese Bilder auf sich einwirken, spüren Sie Ihren Gedanken nach. Öffnen Sie dann die Augen wieder, und überprüfen Sie Ihre Vorstellungen mit der Realität.

→ Reflexion: Welche Wahrnehmungen und Lernerfahrungen haben Sie in Aufgabe 1a) und 1b) gemacht? Schreiben Sie jede für sich Ihre Wahrnehmungen in die unten aufgeführten „Steine", ohne mit anderen zu reden.

Analyse + Bewertung

2 Setzen Sie sich zu zweit zusammen.

a) Interviewen Sie sich gegenseitig zu Ihren Erfahrungen bei Aufgabe 1a) und 1b).

> **Hinweis**
>
> Ihre Sprache ist zum Begriff gewordene Wahrnehmung.
> Während des gesamten Prozesses haben Sie unablässig Ihre Wahrnehmung bewertet: Sie haben den realen Stein, eventuell seinen Geruch oder die Szenen und Erinnerungen, die er ausgelöst hat, z. B. als angenehm oder unangenehm empfunden. Diesen Prozess nennt man **Sinn gebende Wahrnehmungsverarbeitung.** Ihr Gehirn gibt den Sinneswahrnehmungen einen persönlichen Sinn, interpretiert sie vor dem Hintergrund Ihrer Erinnerungen, Interessen und Haltungen. *(vgl. Fuchs/Siebers, 2002, S. 26)*

Querschnittsaufgabe: Sprachbildung

b) Welche Ihrer Erfahrungen müssen auch Kinder machen, um eine Sprache (u. a. das Wort Stein) zu erlernen?

c) Fassen Sie Ihre Erfahrungen im Plenum zusammen. Stellen Sie die Bedeutung vielfältiger Wahrnehmungserfahrungen beim Spracherwerb anhand von Beispielen heraus.

→

→

→

→

→

3 a) Lesen Sie die Informationen in „Kein Kinderkram!“, Bd. 1, S. 425 „Fördernde Aspekte“ und Bd. 2, S. 262–265. Ergänzen Sie weitere Voraussetzungen und Bedingungen des Spracherwerbs:

→ *Bd. 1, S. 425 ff., Bd. 2, S. 262 ff.*

Methodenhinweis

Die anschließende Gruppenbildung kann durch Verteilung passender Symbolkarten (Wurzeln, Sonne, Gießkanne) erfolgen.

Planung + Konzeption

b) Entwickeln Sie in Gruppen kleine Rollenspiele: Stellen Sie eine typische Situation aus dem Kindergartenalltag dar, in der die zuvor entwickelten Voraussetzungen deutlich werden.

Reflexion

c) Welche Schlussfolgerungen können Sie aus den Ergebnissen für Ihr weiteres pädagogisches Handeln ziehen?

Querschnittsaufgabe: Sprachbildung

Hinweis

Der erwachsenen Person und ihrem Verhalten kommt eine besondere Bedeutung zu. Deshalb ist es nicht nur wichtig, Kenntnisse über die Sprachentwicklung bei Kindern zu haben, sondern sich auch mit dem eigenen Sprachverhalten auseinanderzusetzen.

Analyse + Bewertung

→ Bd. 2, S. 264 f.

4 Überprüfen Sie für sich Ihre eigene Gesprächshaltung Kindern gegenüber.

a) Was sind günstige Verhaltensweisen?

Anregungen finden Sie in „Kein Kinderkram!", Bd. 2, S. 264–265.

Bedenken Sie neben dem sprachlichen Verhalten z. B. auch Ihre emotionale Haltung und Ihre Körpersprache.

Reflexion

b) Beurteilen Sie diese Verhaltensweisen für sich persönlich:

Welche Fähigkeiten besitze ich bereits? Haken Sie diese oben ab ✓.

Planung + Konzeption

Welche Fähigkeiten möchte ich erwerben? Formulieren Sie daraus Ziele für Ihr nächstes Praktikum.

1. ______

2. ______

3. ______

c) Besprechen Sie mit Ihrer Praxisanleitung diese Ziele. Bitten Sie sie, Ihr Gesprächsverhalten einige Zeit zu beobachten und anschließend mit Ihnen zu reflektieren.

2: Umgang mit Mehrsprachigkeit

→ Bd. 2, S. 267 ff.

In Ihrem Praktikum im Louise-Scheppler-Kindergarten beobachten Sie, wie sich vier Kinder in der Bauecke munter auf Türkisch unterhalten. Ganz offensichtlich – so Ihr Eindruck – diskutieren sie, wie sie nun an ihrem Zoo weiterbauen sollen. Plötzlich kommt eine Erzieherin in die Bauecke und bittet die Kinder, dass sie sich in Deutsch unterhalten sollen. „Wir sprechen hier Deutsch!", sagt sie. Die Kinder verstummen, zwei von ihnen beenden das Spiel und verlassen die Bauecke. Die zwei anderen Kinder spielen nun jedes für sich.

Sie überlegen, warum die Kinder nicht in ihrer Muttersprache sprechen sollen und denken dabei an Ihr erstes Praktikum zu Beginn der Ausbildung in einem Kindergarten, den ebenfalls viele Kinder mit Migrationshintergrund besuchten. Ihnen fällt ein, dass dort ein völlig anderer Umgang mit den vielen unterschiedlichen Familiensprachen gepflegt wurde. Sie entscheiden sich, die Erzieherin anzusprechen und sie zu fragen, warum sie nicht will, dass die Kinder miteinander Türkisch sprechen.

In der Mittagspause gehen Sie auf sie zu und fragen nach. Die Erzieherin meint, es sei doch wichtig, dass die Kinder schnell Deutsch lernen und dazu sei nun einmal der aktive Gebrauch der deutschen Sprache besonders wichtig. „Und ich fühle mich selbst höchst unwohl, wenn ich nichts verstehe. Dann könnten die Kinder sich ja über uns Erzieherinnen unterhalten, und wir wissen gar nicht, was sie da sagen!"

Eine Kollegin, die das Gespräch mitverfolgt hat, entgegnet: „Aber es heißt doch Muttersprache! Und das bedeutet doch, dass es die Sprache ist, die den Kindern am allernächsten ist, in der sie sich geborgen fühlen, eben wie bei einer Mutter oder einem Vater. Wenn sie also bei uns in ihrer Muttersprache reden, dann ist das doch ein Kompliment an uns: Sie fühlen sich bei uns so wohl, dass sie eben Türkisch reden, sie fühlen sich wie zu Hause! Das sollte man ihnen doch nicht verbieten!" Jetzt diskutieren die Erzieherinnen über Vor- und Nachteile von Mehrsprachigkeit. Sie hören aufmerksam zu und überlegen:

- → Welche Bedeutung hat die Muttersprache für die sprachliche Entwicklung von Kindern und für den Erwerb einer Zweitsprache?
- → In welcher Weise sollen die unterschiedlichen Muttersprachen in einer Tageseinrichtung für Kinder berücksichtigt werden?
- → Wie können Tageseinrichtungen für Kinder Mehrsprachigkeit fördern?
- → Ist Mehrsprachigkeit nicht eine Überforderung für Kinder? Reicht es nicht aus, wenn sie erst einmal eine Sprache richtig lernen?
- → Welche Erfahrungen mit Mehrsprachigkeit machen die Mitstudierenden in der Klasse eigentlich?

↘ KOMPETENZEN

- → *Die Absolventinnen und Absolventen verfügen über fachtheoretisch vertieftes Wissen zur Kompetenzentwicklung in den einzelnen Bildungsbereichen, insbesondere auch zur Sprachkompetenzentwicklung.*
- → *Die Absolventinnen und Absolventen verfügen über Fertigkeiten, sprachliche Bildungssituationen in verschiedenen Bildungsbereichen zu erkennen und diese verantwortungsvoll für die Gestaltung altersgerechter Lernsituationen zu nutzen.*

„Konzepte zur sprachlichen Bildung empfehlen einen wertschätzenden und offenen Umgang mit den Familien und ihren Sprachen. Zudem fordern sie, dass Mehrsprachigkeit in den Einrichtungen gelebt wird." *(Kühn, 2011, S. 129)*

Der Umgang mit Mehrsprachigkeit zeigt sich unter anderem im äußeren Erscheinungsbild der Tageseinrichtung. So kann z. B. im Eingangsbereich ein Begrüßungsschild hängen, und zwar in den verschiedenen Muttersprachen, die in der Tageseinrichtung vertreten sind. „Nicht zuletzt ist es für Familien mit anderen Sprachen von großer Bedeutung, wie die Erzieherinnen und Erzieher sie begrüßen und ob sie auch auf unvollständiges Deutsch freundlich und aktiv zuhörend reagieren. Einrichtungen, in denen Mehrsprachigkeit zum Alltag geworden ist, haben Mitarbeiter, die in dieser Situation dolmetschen können, sie nutzen Flyer in verschiedenen Sprachen zur ersten Orientierung im Haus oder erproben andere Alternativen, um beim Erstkontakt (sprachliche) Brücken zu bauen." *(Kühn, 2011, S. 129)*

Beim Anmelde- und Aufnahmegespräch kommt es auch ganz entscheidend darauf an, wie mit der mehrsprachigen Situation umgegangen wird. So sollte, wenn möglich, das wichtigste Informationsmaterial in der Sprache der sich anmeldenden Familie vorliegen. „Diese Gespräche beinhalten auch Fragen über die Herkunftssprache der Eltern und die gemeinsame(n) Familiensprache(n). Die pädagogische Fachkraft, die das Gespräch führt, […] macht sich ein Bild von den Deutschkenntnissen der Familie und überlegt mit den Eltern gemeinsam, wie Informationen aus der Kindertagesstätte am besten gestaltet werden können." *(Kühn, 2011, S. 130)*

Die Frage der Eingewöhnung sollte mit den Eltern sehr ausführlich besprochen werden mit dem Ziel, „eine vertrauensvolle Beziehung aufzubauen. [...] Pädagogische Fachkräfte nutzen diese Zeit der Eingewöhnung, um den Eltern Einblicke in die Aktivitäten zur sprachlichen Bildung zu ermöglichen. Schon jetzt können die Familien erleben, wie der Spracherwerb in der Kindertagesstätte unterstützt wird. Zudem werden sie ermutigt, weiter mit ihrem Kind in der vertrauten Sprache zu sprechen.“ *(Kühn, 2011, S. 130)*

Der Umgang mit Mehrsprachigkeit wird auch in der Gestaltung des Alltags sichtbar. Werden z. B. die Familiennamen richtig ausgesprochen, auch wenn sie schwierig zu sprechen sind? Oder wird Frau Meier mit ihrem Namen angesprochen, wenn sie ihr Kind in den Kindergarten bringt, während Frau Gebrehiewet nur mit „Hallo“ begrüßt wird? Das Gleiche gilt auch für die Vornamen der Kinder.

Zum Alltag gehören auch mehrsprachige Kinderlieder, Hörspiele in unterschiedlichen Sprachen und zweisprachige Bilderbücher. „In besonderer Weise fördern Lieder und Sprachspiele den Zweitspracherwerb. In verschiedenen Untersuchungen wurde nachgewiesen, dass Miteinander-Singen zum erfolgreichen Erlernen der Zweitsprache beitragen kann. Beim Singen wiederholen sich die Worte immer wieder, beispielsweise im Refrain. Wenn die Kinder ein Wort noch nicht ganz richtig aussprechen, fällt das beim Chorsingen nicht so auf. Es ist dann wie eine Art Probehandeln.“ *(Böhm/Böhm/Deiss-Niethammer, 2004, S. 22)*

Dass die mehrsprachige Situation in der Kindertagesstätte nicht nur für Familien mit nichtdeutscher Muttersprache bedeutend ist, sondern auch für deutschsprachige Eltern, sollte beachtet werden. Deshalb sollten alle Eltern „in einem Faltblatt darüber informiert werden, wie in der Tageseinrichtung mit Mehrsprachigkeit umgegangen wird. Dabei ist es wichtig, in die Darstellung mit aufzunehmen, warum alle Kinder von dieser Situation profitieren können. So könnte man den Eltern erklären, was Kinder auf diese Weise schon sehr früh erfahren:

Querschnittsaufgabe: Sprachbildung, Inklusion, Wertevermittlung

- → dass es andere Sprachen gibt,
- → dass es hilfreich sein kann, andere Sprachen zu beherrschen,
- → dass Kinder mit anderer Muttersprache ebenfalls über Sprachkompetenzen verfügen.“ *(Böhm/Böhm/Deiss-Niethammer, 2004, S. 23)*

All diese Überlegungen können aber in einer Tageseinrichtung nur dann umgesetzt werden, wenn zuvor mit dem Träger und im Team darüber gesprochen und Einigkeit im Blick auf diese Umsetzung erzielt worden ist. „Ein bewusster und aktiver Umgang mit Mehrsprachigkeit setzt voraus, dass Team, Leitung und Träger hierin eine gemeinsame Aufgabe sehen, die Priorität hat. Alle Beteiligten sollten sich einig sein, dass Respekt für die Mehrsprachigkeit und Unterstützung beim Erwerb der deutschen Sprache in einer Kindertagesstätte mit vielen mehrsprachigen Familien die wichtigsten Schwerpunkte darstellen. Aus dieser Überzeugung heraus können sie den Familien mit einer Haltung begegnen, die Mehrsprachigkeit als Chance und Gewinn erlebt.“ *(Kühn, 2011, S. 131)*

Wissen + Verstehen

1 **a)** Arbeiten Sie den oben stehenden Text in Einzelarbeit durch, und fassen Sie die wichtigsten Ergebnisse in eigenen Worten zusammen.

Meine Zusammenfassung:

Planung + Konzeption

b) Erstellen Sie daraus eine Liste mit Fragen, mit der Sie in Tageseinrichtungen überprüfen können, wie dort mit Mehrsprachigkeit umgegangen wird (siehe nächste Seite).

c) Tauschen Sie sich sowohl über Ihre eigene Zusammenfassung als auch über Ihren Fragebogen mit drei Mitstudierenden aus.

Mit folgenden Fragen kann der Umgang mit Mehrsprachigkeit in Tageseinrichtungen überprüft werden:	
Frage 1:	______________________
Frage 2:	______________________
Frage 3:	______________________
Frage 4:	______________________
Frage 5:	______________________
Frage 6:	______________________
Frage 7:	______________________

d) Fragen Sie in der Tageseinrichtung nach, in der Sie Ihr letztes Praktikum absolviert haben, ob die Leiterin bzw. die Erzieherinnen diesen Fragebogen beantworten. Führen Sie diese Aktion durch, und tauschen Sie sich anschließend in Ihrer Kleingruppe über die Ergebnisse der Befragung aus. Formulieren Sie ein Ergebnis, das Sie aus dieser Umfrage ableiten.

Reflexion

Aus unserer Umfrage leiten wir folgendes Ergebnis zum Umgang mit Mehrsprachigkeit in Tageseinrichtungen ab:

2 „Voraussetzung und Ziel für interkulturelles Lernen ist eine breite kommunikative Kompetenz. Dazu gehören neben der allgemeinen Förderung der Kommunikation (Körpersprache, Gestik, Mimik) die frühe Unterstützung des natürlichen kindlichen Spracherwerbs und die frühe Sprachbildung in der Umgangssprache Deutsch. Sie beinhaltet aber auch die aktive Wertschätzung und Unterstützung der Erstsprache der Kinder nichtdeutscher Muttersprache und die frühe Hinführung aller Kinder zur Mehrsprachigkeit.“ *(Filtzinger, 2013, S. 226)*

Querschnittsaufgabe: Sprachbildung

Planung + Konzeption

a) Zeigen Sie anhand zweier konkreter Praxisbeispiele, wie sich Wertschätzung der Erstsprache bei Kindern mit nichtdeutscher Muttersprache zeigt. Beschreiben Sie diese beiden Beispiele anschaulich.

Beispiel 1:	
Beispiel 2:	

b) Stellen Sie sich gegenseitig die verschiedenen Beispiele in der Klasse vor. Erstellen Sie miteinander für die ganze Klasse aus allen vorgestellten Beispielen einen Reader „Best practice Mehrsprachigkeit". Klären Sie in der Klasse, wer die Beispiele sammelt und den Reader erstellt.

Wissen + Verstehen

3 **a)** Immer mehr Verlage bieten Bilderbücher in zwei Sprachen an. Recherchieren Sie im Internet, welche aktuellen Bilderbücher zurzeit in zwei Sprachen angeboten werden. Erstellen Sie hierzu eine Liste mit den wesentlichen Angaben zu den Bilderbüchern (Autor/-in, Titel, Erscheinungsjahr, Verlag und in welchen Sprachen das Buch erschienen ist). Vergleichen Sie Ihre Liste mit denen Ihrer Mitstudierenden, und ergänzen Sie gegebenenfalls Ihre Titelliste.

Folgende Bilderbücher haben wir bei unserer Recherche gefunden:

Autor/-in	Titel	Erscheinungs-jahr	Verlag	In welchen Sprachen ist das Bilderbuch erhältlich?

Folgende Bilderbücher haben wir bei unserer Recherche gefunden:				
Autor/-in	Titel	Erscheinungs-jahr	Verlag	In welchen Sprachen ist das Bilderbuch erhältlich?

b) Wählen Sie aus der Liste ein Bilderbuch aus, das Sie sich entweder in der Bibliothek oder über die Buchhandlung besorgen. Entwickeln Sie nun mit drei Mitstudierenden Ideen, wie Sie diese Bilderbücher im Kindergarten einsetzen können. Achten Sie dabei darauf, dass bei Ihren Ideen beide Sprachen gleichberechtigt zum Zuge kommen. Präsentieren Sie anschließend in der Klasse Ihre Vorstellungen.

Planung + Konzeption

Querschnittsaufgabe: Sprachbildung und Inklusion

→ *Bd. 1, S. 423–430, Bd. 2, S. 272 ff., 282 ff.*

3: Sprachentwicklung beobachten, analysieren und fördern

Sie sitzen während Ihres Praktikums im Kindergarten am Frühstückstisch. Zunächst helfen Sie dem 1;5-jährigen Max. Max ruft: „Milch!", und zeigt auf die Milchkanne. Sie erwidern: „Ja, darin ist Milch." Aber Max wiederholt drängend: „Milch!", woraufhin Sie ihm etwas davon in seine Tasse schütten. Max strahlt.

Niclas (3;6 Jahre) beobachtet dies und sagt: „Wille auch haben." Sie: „Du möchtest auch Milch haben?" Niclas antwortet mit einem zufriedenen Nicken.

Tom (5;11 Jahre) sitzt ebenfalls am Tisch und erinnert sich an den letzten Ausflug: „Auf dem Bauernhof gibt es Kühe – die geben Milch!" Sie regen ein Gespräch darüber an. Sie fragen, wie denn die Milch vom Bauernhof zum Kindergarten kommt.

Tom und Sarah (3;8 Jahre) erzählen angeregt von ihren Erlebnissen. Tom weiß: „Wenn die Kühe gemolken werden, kommt die Milch in einen großen Tankwagen. Und dann fährt der in die Stadt." Sarah war beim letzten Einkauf für das Frühstück mit im Supermarkt: „Wir haben Milch gekauft. Und … und … und Wasser. Und is durfte bezahlen." Niclas sitzt schweigend daneben und schaut bewundernd zu Sarah und Tom.

Als Sie ihn fragen, ob er auch schon mal im Supermarkt einkaufen war, antwortet er leise und zurückhaltend: „Auch in Upa kauft." Tom und Sarah reagieren nicht auf Niclas' Äußerung, sondern unterhalten sich weiter. Währenddessen ist Max intensiv mit seiner Tasse beschäftigt und ruft wieder: „Milch!"

Tom hat eine Idee und meint: „Komm Sarah, wir gehen gleich in die Bauecke und bauen einen Bauernhof und einen Stall mit vielen Kühen." Sarah: „Und is will noch in Puppenecke einkaufen."

Kurz darauf sind die beiden in ihr Spiel vertieft. Niclas beobachtet die Situation schweigend vom Frühstückstisch aus.
Sie überlegen, ob und wie Sie helfen können.

Sprachgebrauch am Frühstückstisch

↘ KOMPETENZEN

- → *Die Absolventinnen und Absolventen verfügen über fachtheoretisch vertieftes Wissen zu Entwicklungsfaktoren, -aufgaben und -prozessen in verschiedenen Lebensphasen.*
- → *Die Absolventinnen und Absolventen verfügen über Fertigkeiten, die eigenen Bildungserfahrungen und Kompetenzen in Bildungs- und Lernbereichen zu reflektieren und weiterzuentwickeln.*
- → *Die Absolventinnen und Absolventen verfügen über die Fertigkeit, Kommunikations- und Interaktionsprozesse zu gestalten, in denen sich Bildungs- und Entwicklungsprozesse von Kindern entfalten können.*

Methodenhinweis

Zur Vorbereitung erstellen Sie entsprechend Ihrer Klassengröße kleine Zettel mit jeweils einem Namen der vier Kinder aus dem Fallbeispiel darauf. Falten Sie die Zettel zusammen. Jeder Kindername sollte möglichst in gleicher Anzahl vorliegen. Jede Studierende zieht dann einen Zettel.

1 Analysieren Sie jeder für sich den Stand und die Merkmale der Sprachentwicklung des auf dem Zettel erwähnten Kindes. *(Kriterien: Kein Kinderkram, Bd. 1, S. 425–430)*

Analyse + Bewertung

→ *Bd. 1, S. 425–430*

Kind:

____

Analyse:

____

2 Die Studierenden, die das gleiche Kind analysiert haben, bilden eine Expertengruppe.

Analyse + Bewertung

a) Vergleichen Sie Ihre Ergebnisse, klären Sie eventuelle unterschiedliche Meinungen, und einigen Sie sich, sodass jedes Gruppenmitglied zum Experten in Bezug auf das „bearbeitete" Kind wird.

b) Halten Sie zentrale Aussagen in der folgenden Tabelle in der Spalte Ihres Kindes fest, damit in der nächsten Arbeitsphase jedes Gruppenmitglied selbstständig den Mitstudierenden der anderen Gruppen die Ergebnisse vermitteln und erklären kann.

	Analyse
Max (1;5)	
Niclas (3;6)	
Sarah (3;8)	
Tom (5;11)	

Wissen + Verstehen

3 Bilden Sie neue Gruppen, die so zusammengesetzt sind, dass jeweils ein Experte für ein Kind vertreten ist.

a) Stellen Sie sich Ihre Ergebnisse nacheinander vor. Beginnen Sie mit dem jüngsten Kind. Klären Sie eventuelle Fragen und Zusammenhänge.

b) Vervollständigen Sie jeder die Tabelle zur Ergebnissicherung.

c) Einzelne Studierende stellen ihre Ergebnisse im Plenum vor (mündlich/an der Tafel/auf Folie), möglichst in Bezug auf ein Kind, für das sie nicht selbst Experte gewesen sind.

d) Diskussion: Ziehen Sie erste Schlussfolgerungen aus Ihren Ergebnissen.

Hinweis

Im Erzieheralltag bergen Analysen von Alltagssituationen und Beobachtungen die Gefahr einer vorschnellen und oft einseitigen Beurteilung durch die Erzieherin. Umfassendere, die ganze Person wahrnehmende Aspekte bleiben unbeachtet. Dem kann man vorbeugen, indem versucht wird, die Perspektive zu wechseln und so die eigene Bewertung zurückzustellen. Dazu dient die folgende Aufgabe.

Analyse + Bewertung

Querschnittsaufgabe: Inklusion

4 Beschreiben Sie die Situation aus der **Ich-Perspektive** des auf dem Zettel genannten **Kindes.**

Folgende Fragen können Ihnen helfen, sich in das Kind hineinzuversetzen. Diese gelten nicht als starre Vorgabe, Sie können auch frei formulieren.

- → Wie verhält sich das Kind?
- → Was nimmt es wahr?
- → Was denkt es?
- → Wie sieht es die anderen Personen?
- → Wie fühlt es sich?
- → Welche Interessen hat es?
- → Was wünscht es sich?
- → Welche Bedürfnisse hat es?
- → Welche Befürchtungen hat es?

Ich saß am Frühstückstisch ...

Welche Gedanken, Erinnerungen und Erfahrungen an kommunikative Situationen kommen Ihnen bei dieser Sichtweise in den Sinn?

Analyse + Bewertung

5 Wiederholen Sie das methodische Vorgehen aus Punkt 2 und 3.

Erste Gruppenarbeitsphase (alle arbeiten mit dem gleichen Kind):

a) Lesen Sie sich gegenseitig Ihre Texte vor. Tauschen Sie sich anschließend über zum Ausdruck kommende Gedanken, Interessen, Befürchtungen und Bedürfnisse des Kindes aus.

b) Fassen Sie diese Ergebnisse im folgenden Schema zusammen:

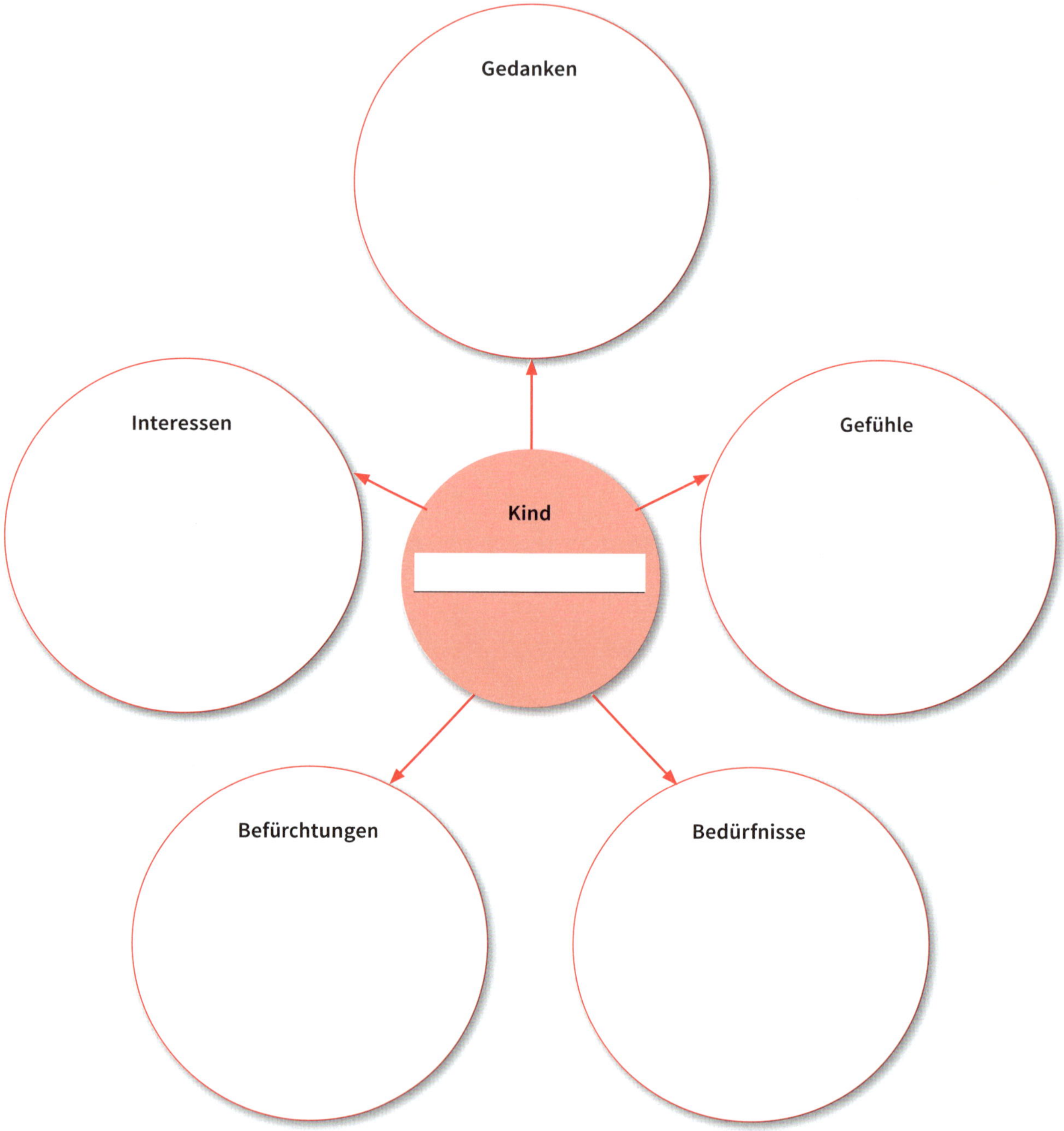

c) Bringen Sie nun Ihre eigenen Gedanken in Bezug auf Kommunikation ein: angenehme/unangenehme Aspekte; ähnlichen Situationen, die zufriedenstellend/weniger zufriedenstellend verlaufen sind.

Planung + Konzeption

d) Woran sollte man im Umgang mit dem Kind denken/was sollte man berücksichtigen? Ergänzen Sie Ihr Schema dahin gehend (außen um die Kreise herum).

Zweite Gruppenarbeitsphase (jeder arbeitet mit einem anderen Kind):

a) Diskutieren Sie nach der Vorstellung der Ergebnisse:

→ Welche Aspekte sind für die weitere sprachliche Entwicklung der Kinder unbedingt zu beachten?

→ Welche Aspekte müssen Ihrer Meinung nach beim weiteren pädagogischen Handeln beachtet werden?

b) Stellen Sie diese Punkte farbig heraus, und notieren Sie sie anschaulich auf einem Plakat.

6 Hängen Sie Ihre Plakate nebeneinander und vergleichen Sie im Plenum.

a) Diskutieren Sie ausgehend von diesen Ergebnissen, wie Sie pädagogisch aktiv werden können: Welche konkreten (zur Situation passenden) pädagogischen Handlungsmöglichkeiten fallen Ihnen ein?

b) Sammeln Sie Beispiele auf Karten, und heften Sie diese um die Plakate herum.

c) Übertragen Sie die Ergebnisse in Ihr Heft.

Planung + Konzeption

Querschnittsaufgabe: Sprachbildung, Inklusion, Prävention

→ Bd. 2, S. 282 ff.

4: Programme und ganzheitliche Konzepte zur Sprachförderung

Sie werden von Frau Sniker angesprochen: „Vitali kommt nächstes Jahr in die Schule, und ich glaube, er wird hier nicht genügend in seiner deutschen Sprache gefördert. Die Mutter aus einem anderen Kindergarten sagte, dass dort jeden Tag Sprachförderkurse stattfänden. Warum machen Sie das nicht?“ Sie leiten die Frage weiter an Ihren Gruppenleiter und dieser erklärt: „Unser Team hat sich genau informiert, welche Vorgehensweise und welches Konzept für uns infrage kommen könnte. Seit PISA und der Bildungsdiskussion im Elementarbereich hat die Sprachförderung neue Bedeutung erlangt, und es wurden viele unterschiedliche Programme, Projekte und Konzepte für die praktische Arbeit entwickelt. Das Würzburger Programm, Forderungen der GEW und des DJI sind einzelne Beispiele. Wir haben uns aber ganz bewusst für eine Förderung im Alltag entschieden.“

↘ KOMPETENZEN

- → *Die Absolventinnen und Absolventen verfügen über fachtheoretisch vertieftes Wissen über didaktisch-methodische Konzepte im Bildungsbereich Sprache.*
- → *Die Absolventinnen und Absolventen verfügen über Fertigkeiten, didaktisch-methodische Konzepte bei der Planung von Lernumgebungen und Bildungssituationen im Bildungsbereich Sprache für Kinder fachlich begründet einzusetzen.*

→ Bd. 2, S. 282–285

1 **a)** Lesen Sie sich die Spielprogramme und Forderungen durch. Beachten Sie auch die Kapitel in „Kein Kinderkram!“, Bd. 2, S. 282–285.

Ausschnitt aus der Multimediaversion des Würzburger Programms:

Wortpaare 1
Vorgabe: 14 Wortpaare
Puppe – Puppe; Rahm – Raum; Lied – Lied; singen – sinken; aber – oder; Kirsche – Kirche; Bild – Bild; satt – Stadt; gehen – gegen; Nase – Hase; mit – mit; nehmen – nähen; Kasse – Katze; jetzt – jetzt

Spielablauf: Hanno sagt zwei Wörter und will von den Kindern wissen, ob diese Wörter ganz genau gleich klingen. Dann sollen die Kinder auf das Bild mit dem Daumen nach oben klicken. Sind es aber verschiedene Wörter, sollen sie auf den durchgestrichenen Daumen klicken, der nach unten zeigt. Ist ihre Antwort richtig, geht es gleich mit den nächsten beiden Wörtern weiter. Ist sie aber falsch, fragt Hanno noch einmal nach, ob die Wörter wirklich ganz genau gleich klingen bzw. ob man da wirklich einen Unterschied hört.

Achten Sie darauf, dass die Kinder genau auf die vorgegebenen Wörter hören und nicht einfach nur raten. Fordern Sie sie auch dazu auf, auf den Hamster zu klicken und sich die Wörter wiederholen zu lassen. Sie können die Kinder die Wörter auch selbst aussprechen lassen, bevor sie die Bilder anklicken. Als zusätzliche Hilfe können Sie die Wörter auch selbst noch einmal vorsprechen und dabei die Unterschiede stärker betonen. Wenn die Kinder den Unterschied nicht erkennen, können Sie zur Erklärung auch kurze Sätze mit den betreffenden Wörtern bilden (z. B. Das Kind singt, aber das Schiff sinkt.) Beim Wiederholen des Spiels können Sie bei geübten Kindern zusätzlich fragen, ob sie vielleicht auch schon hören können, worin sich die beiden Wörter unterscheiden.

(Würzburger Trainingsprogramm, abgerufen unter: www.phonologische-bewusstheit.de/spiele/wortpaare1.htm, [20.12.2016])

Würzburger Programm: Übungseinheit 3, Sätze und Wörter

In dieser Übungseinheit sollen die Kinder lernen, dass das, was gesagt wird, in kleinere Einheiten aufgeteilt werden kann. Sie sollen so lange mit Sätzen und Wörtern spielen, bis sie wissen, dass die Sprache aus unterschiedlich langen Sätzen besteht, und dass diese Sätze ihrerseits wieder aus unterschiedlich langen Wörtern bestehen. Nach der Einführung der Begriffe „Satz" (3.1) und „Wort" (3.2) sollen die Kinder einzelne Wörter vorgesprochener Sätze mit Bauklötzen markieren (3.3), sie sollen Sätze durch ein Wort beenden (3.4), sie sollen die Länge von Wörtern beurteilen (3.5), und sie sollen Wörter zu längeren Wörtern zusammensetzen (3.6 und 3.7).

Zitate aus: GEW, 2007

Es geht in der frühkindlichen Bildung nicht darum, in kurzer Zeit einzelne, zweifellos wichtige Kompetenzen zu testen und zu trainieren. Notwendig ist vielmehr ein übergreifendes Konzept von Bildung, Erziehung und Betreuung von Anfang an. *(GEW, S. 5)*

Auch die Beobachtung von Bildungsprozessen und deren Dokumentation dient nicht dem Aufspüren von Defiziten und deren Beseitigung. Es geht im Gegenteil um die Förderung von Begabungen und Ressourcen. *(GEW, S. 5)*

Bildung von jüngeren Kindern geht nicht durch Verabreichung vorbereiteter Lernhäppchen, die sich das Kind nur noch aneignen muss. Das wäre Training, aber keine Bildung. *(GEW, S. 8)*

Sprachförderung darf deshalb nicht eine technische Reparaturmaßnahme sein, die als Ausgangspunkt allein die Defizite der Kinder hat und darauf zielt, sie systemfähig zu machen. *(GEW, S. 17)*

Notwendig ist ein ganzheitliches, integriertes und aufeinander aufbauendes Gesamtkonzept sprachlicher und interkultureller Bildung. *(GEW, S. 17)*

Zitat aus einem Informationsblatt des Deutschen Jugendinstitutes (DJI):

„Das Deutsche Jugendinstitut hat zurzeit ein Konzept zur sprachlichen Förderung aller Kinder zwischen 3 und 6 Jahren in Kindertagesstätten entwickelt *(DJI, 2006)*:
Dieses Konzept versteht Sprache als Querschnittsthema der pädagogischen Arbeit und folgt dabei einem ganzheitlichen Ansatz. Kernidee des Projektes ist es, Sprachförderung ganz konkret mit anderen Bildungsangeboten zu verbinden, nämlich mit Musik, Bewegung, Naturwissenschaften und Medien."

Hinweis

Das Würzburger Programm von Petra Küspert und Wolfgang Schneider soll der Vorbereitung auf den Erwerb der Schriftsprache dienen, u. a. durch Reimaufgaben, Silbenklatschen, Sätze in Wörter zerlegen. Das Training von sechs aufeinander aufbauenden Einheiten dauert 20 Wochen und verlangt regelmäßiges Üben für zehn Minuten pro Tag. Dieser Plan muss genau eingehalten werden. Dabei soll das Kind aber das Gefühl haben zu spielen.

b) Welche Gedanken kommen Ihnen beim Lesen in den Sinn? Wie bewerten Sie die Anregungen?

Analyse + Bewertung

Reflexion

Querschnittsaufgabe: Sprachbildung

2 Überlegen Sie für sich: Welche Formen von Sprachförderung (Konzepte, Programme, Spiele) haben Sie selbst bisher in der Praxis kennengelernt?

→ Welche Erfahrungen haben Sie damit gemacht oder beobachten können?

→ Wie ist Ihre Meinung dazu? Welche finden Sie gut oder schlecht, sinnvoll, geeignet oder weniger geeignet?

Vergleichen Sie mit Ihren Überlegungen in Aufgabe 1.

Konzepte/Programme/Spiele	☺	☹

Methodenhinweis

Bilden Sie vier Vierergruppen/fünf Fünfergruppen usw., sodass im Idealfall die Gruppenanzahl gleich ist wie die Gruppenmitgliederzahl. Eventuelle Ungleichheiten, die sich oft nicht vermeiden lassen, müssen bei der Aufteilung zur Präsentation flexibel gehandhabt werden. Das größte Gruppenmitglied beginnt.

3 **a)** Stellen Sie Ihre Praxiserfahrungen in der Gruppe der Reihe nach vor. Versuchen Sie, ein möglichst konkretes Bild zu vermitteln.

Erklären Sie gegebenenfalls unbekannte Konzepte. Erläutern Sie praktische Umsetzungsformen.

Wissen + Verstehen

b) Die weiteren Gruppenmitglieder ergänzen ihre Erfahrungen.

c) Diskutieren Sie, welche Vorteile und Nachteile Sprachbildung durch spezielle Programme oder durch ganzheitliche Konzepte hat.

Analyse + Bewertung

d) Halten Sie Ihre Ergebnisse in der folgenden Tabelle fest.

e) Übertragen Sie die Tabelle für die Präsentation auf ein Plakat.

	Spezielle Sprachprogramme	Teil des Gesamtkonzepts
Vorteile		
Nachteile		

f) Wählen Sie danach per Zufall ein Gruppenmitglied aus, das die Ergebnisse präsentiert. Die übrigen Gruppenmitglieder nehmen sich Papier und Stift.

Wissen + Verstehen

4 Einer bleibt, die anderen gehen

An jedem Gruppentisch bleibt ein Studierender zur Präsentation.

Die Übrigen verteilen sich so, dass sich jedes Gruppenmitglied an einen unterschiedlichen Gruppentisch begibt. (Eventuell gehen mehrere aus einer Gruppe an den gleichen Tisch, wenn die Aufteilung nicht passt.)

a) Sie haben nun die Aufgabe, der Präsentation genau zu folgen und sich Notizen zu machen.

b) Kehren Sie danach mit Ihren Aufzeichnungen zur Ursprungsgruppe zurück und vermitteln den anderen Mitgliedern die Ergebnisse der jeweiligen Gruppe.

c) Im Plenum werden die Erkenntnisse aus der Arbeitsphase zusammengefasst und die Tabellen ergänzt.

5 Alltagsintegrierte Sprachförderung

Für viele Einrichtungen ist Sprachförderung als ganz normaler Teil ihres Alltags im Gruppengeschehen und im Konzept verankert. Trotzdem haben gerade diese Einrichtungen immer wieder das Problem, sich zu erklären und zu behaupten.

Querschnittsaufgabe: Sprachbildung

Damit ganzheitliche Förderung gelingen kann, haben R. Fuchs und C. Siebers Kategorien entwickelt, anhand derer eine Sprachförderung beschrieben und verankert werden kann, die nicht nur speziell ausgewiesen wird oder nur außerhalb der Gruppe stattfindet.
(vgl. Fuchs/Siebers, 2002)

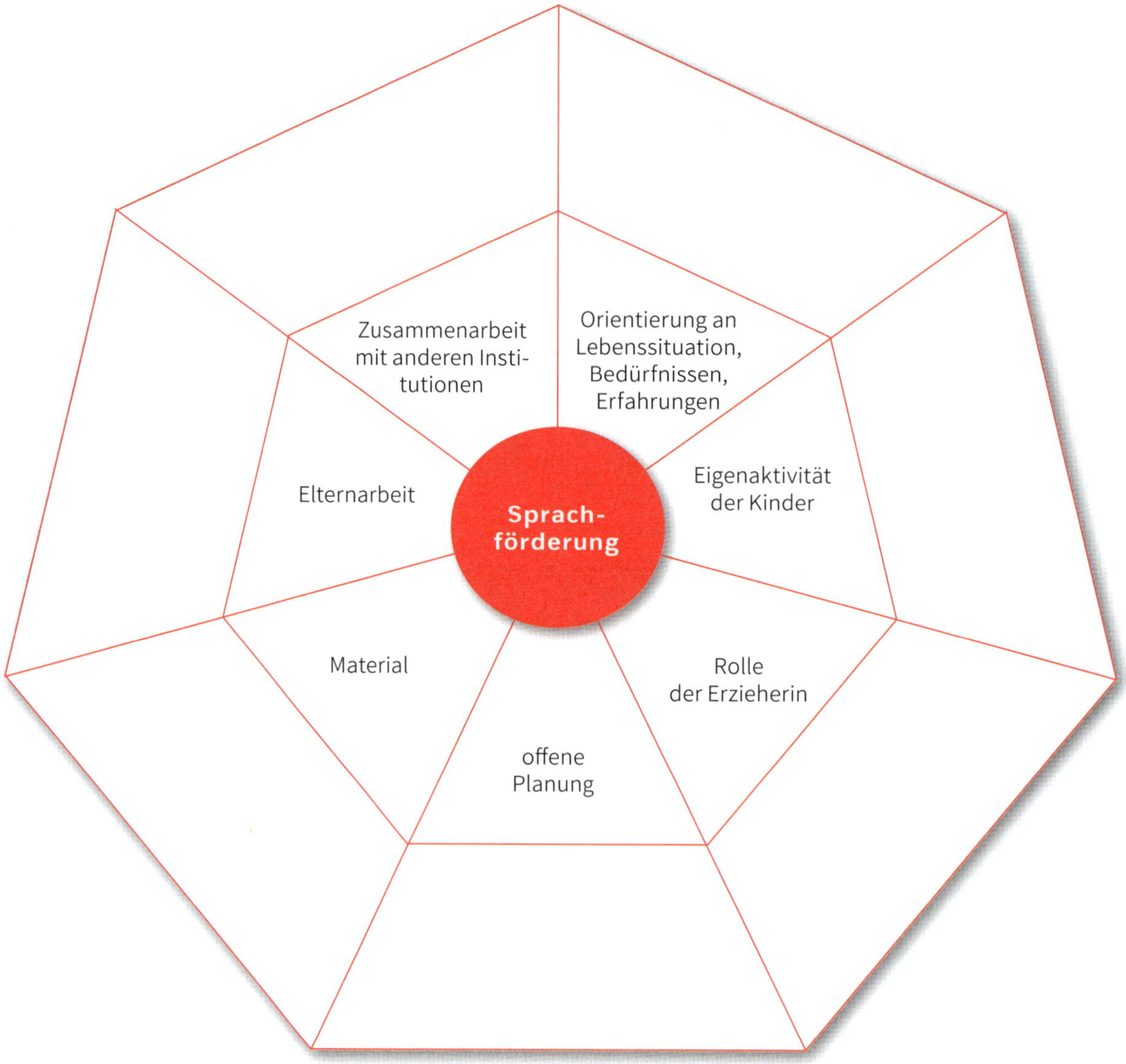

Methodenhinweis

Die Lehrkraft oder eine Studierende überträgt das vorgegebene Schema groß auf ein Plakat und hängt es für alle sichtbar auf.
Die Studierenden zählen durch bis sieben, und jeder Zahl wird eine Kategorie des Schemas zugeordnet.

a) Sammeln Sie in Einzelarbeit zur Ihnen zugeordneten Kategorie konkrete Beispiele, Merkmale und Kriterien, an denen man erkennen kann, dass sprachliche Bildung im Alltag stattfindet.

Notieren Sie Ihre Gedanken auf Karteikarten (jeweils nur ein Aspekt pro Karte).

Planung + Konzeption

b) Vergleichen Sie Ihre Karten mit den Studierenden, die die gleiche Kategorie wie Sie bearbeitet haben. Sortieren Sie Doppelnennungen aus, und ergänzen Sie eventuell noch neue Ideen, die Ihnen in der Gruppe einfallen.

c) Heften Sie dann Ihre Karten auf das Plakat auf den äußeren Ring des Schemas.

d) Die Ergebnisse werden im Plenum vorgestellt und erklärt. Diskutieren Sie Überschneidungen, Zusammenhänge, Verknüpfungsmöglichkeiten. Markieren Sie diese durch Pfeile.

e) Übertragen Sie zur Ergebnissicherung die wichtigsten Beispiele ins Schema Ihres Arbeitsheftes.

f) Anwendung: Gestalten Sie ein Rollenspiel, bezogen auf die Einstiegssituation zu Beginn dieses Kapitels, in dem Sie als Gruppenleiter erklären, warum sich Ihr Team für die Sprachförderung im normalen Alltag entschieden hat.

Planung + Konzeption

6 Konkrete Umsetzung des bisher Erarbeiteten: Hausarbeit

Planung + Konzeption

a) Vergegenwärtigen Sie sich noch einmal die Situation aus der vorherigen Lernsituation 3: Sprachentwicklung beobachten, analysieren und fördern (S. 83).

b) Entwickeln Sie nun schriftlich ein umfassendes Konzept, wie Sie weiterhin die sprachliche Entwicklung der Kinder fördern können. Ideen aus dem vorherigen Impuls können Sie einbeziehen.

Querschnitts-aufgabe: Sprachbildung, Prävention, Inklusion

c) Strukturieren Sie Ihr Konzept sinnvoll, und begründen Sie Ihre Überlegungen fachlich anhand der bisher erarbeiteten Kriterien.

7 Bilden Sie Vierergruppen nach Neigung, und stellen Sie sich Ihre Konzepte vor.

Analyse + Bewertung

a) Wählen Sie ein Konzept aus, das Ihrer Meinung nach die Kriterien besonders beachtet hat oder besonders kreative Ideen enthält.

b) Die ausgewählten Konzepte werden im Plenum vorgestellt und in Bezug auf die umgesetzten Kriterien bewertet.

c) Halten Sie die Ihrer Meinung nach besten Ideen stichpunktartig fest.

____

____

____

____

____

____

→ Bd. 2, S. 291 ff.

5: Kinderliteratur

Es ist Ihr erstes Praktikum im Kindergarten. Die Erzieherin zeigt Ihnen die Räumlichkeiten und hebt besonders den Lesebereich hervor. Sie sehen, wie mehrere Kinder mit einer anderen Praktikantin interessiert ein Bilderbuch anschauen und dabei immer wieder die Bilderbuchbetrachtung unterbrechen, da sie über einzelne Bilder ausführlich diskutieren. Im Bücherregal, das die Leseecke begrenzt, entdecken Sie Bilderbücher, die Sie an Ihre eigene Kindheit erinnern. Da steht von Luis Murschetz „Der Maulwurf Grabowski" und von Maurice Sendak „Wo die wilden Kerle wohnen". Sie sprechen die Erzieherin darauf an und fragen, ob denn solche Bilderbücher nicht veraltet seien. „Keinesfalls!", meint Ihre Anleiterin und fügt hinzu: „Diese Bilderbücher sind nicht ohne Grund zu Klassikern der Kinderliteratur geworden."

Plötzlich kommt Ihnen der Gedanke, ob im Zeitalter der Tablets und Smartphones, von WhatsApp und Facebook, Bilderbücher nicht völlig unnötig sind und es nicht sinnvoller wäre, mit Kinder Bilderbuch Apps auf dem Tablet zu entdecken. Ihre Anleiterin empfiehlt Ihnen, einmal über einen längeren Zeitraum von ca. einer Stunde den Lesebereich zu beobachten, besonders dann, wenn mit den Kindern eine dialogorientierte Bilderbuchbetrachtung durchgeführt wird. Sie lassen sich darauf ein und stellen fest, dass einzelne Bilder zu langen Gesprächen zwischen Kindern und Erzieherin führen. Und Ihnen fällt auf, dass die Erzieherin nicht einfache, sondern vielmehr gezielte Fragen stellt, die die Kinder animieren, ausführlich zu berichten und zu erzählen.

Ihnen wird deutlich, dass es sich lohnt, sich mit der Frage nach der Bedeutung von Kinderliteratur für den Entwicklungsprozess von Kindern auseinanderzusetzen. Doch Ihnen wird auch klar, dass Sie mehr Fragen als Antworten dazu im Kopf haben:

- → Wie habe ich selbst als Kind den Umgang mit Kinderliteratur erlebt? Haben mich Bücher beeinflusst?
- → Warum fördern Bilderbücher die sprachliche Bildung von Kindern?
- → Worauf sollte eine Erzieherin bei einer dialogorientierten Bilderbuchbetrachtung Wert legen? Worauf kommt es da an?
- → Welche Grundsätze sollten im Kindergarten im Umgang mit Kinderliteratur beachtet werden?
- → Sollten den Kindern nur Bilderbücher zur Verfügung stehen, oder gibt es auch andere literarische Formen, wie Gedichte oder Reime, Märchen oder Hörspiele, die für Kinder wichtig sein könnten?

↘ KOMPETENZEN

- → *Die Absolventinnen und Absolventen verfügen über ein breites und integriertes Wissen über die Bedeutung von kulturellen Bildungsprozessen.*
- → *Die Absolventinnen und Absolventen verfügen über fachtheoretisch vertieftes Wissen zur Kompetenzentwicklung in den einzelnen Bildungsbereichen, insbesondere auch zur Sprachkompetenzentwicklung.*
- → *Die Absolventinnen und Absolventen verfügen über die Fertigkeiten, spezifische didaktisch-methodische Konzepte in den Bildungs- und Lernbereichen adressatengerecht zu planen, durchzuführen und methodengeleitet zu analysieren.*
- → *Die Absolventinnen und Absolventen verfügen über die Fertigkeit, sprachliche Bildungssituationen in verschiedenen Bildungsbereichen zu erkennen und diese verantwortungsvoll für die Gestaltung altersgerechter Lernsituationen zu nutzen.*

Reflexion

1 Meine eigene literarische Sozialisation

„Unter literarischer Sozialisation verstehen wir den Prozess, innerhalb dessen ein Subjekt vor allem zwei Fähigkeiten entwickelt: Literatur für sich zu nutzen und sie als Kunstform zu verstehen." (Steitz-Kallenbach, 2003, S. 18) Dies bedeutet, dass alle Kinder lernen, wie Literatur in ihrem Alltag hilfreich sein und sie bereichern kann. Da entdecken Jan, Felix und Felicitas, als sie ein Backbuch anschauen, dass sie dort nähere Informationen dazu erhalten, wie man Waffeln backen kann. Alexander und Bilien übertreffen sich gegenseitig im Reimen von Worten. Auf Haus folgt Maus und Klaus und aus und raus. Sie zeigen damit, dass sie bereits ein wichtiges Gestaltungsmerkmal von Lyrik verstanden haben.

Je nachdem, wie wir in unserer Kindheit mit Literatur konfrontiert worden sind, welche Bücher wir gelesen haben oder wann und wie uns vorgelesen wurde, all dies beeinflusste unsere literarische Sozialisation. Der Begriff „literarische Sozialisation" zeigt auch, dass es sich um einen Prozess handelt, um etwas, das sich in vielen Jahren entwickelt.

Querschnittsaufgabe: Wertevermittlung/ Sprachbildung

a) Die folgende Aufgabe möchte Sie dazu motivieren, sich mit Ihrem eigenen literarischen Prozess auseinanderzusetzen. Nehmen Sie sich zur Beantwortung der nachfolgenden Fragen genügend Zeit.

→ Erinnern Sie sich an Bilderbücher, die Sie als Kind zur Verfügung hatten? Welche Bilderbücher waren es? Was war Ihr persönliches Lieblingsbilderbuch?

→ Gab es Kinderbücher, die Sie besonders gerne gelesen haben? Was war daran spannend/interessant?

→ Hatten Sie einen Lieblingsautor/eine Lieblingsautorin? Warum war das Ihr Lieblingsautor/Ihre Lieblingsautorin?

→ Gab es bei Ihnen zu Hause Hörbücher auf CD, die auf einer Buchvorlage aufbauten? Wenn ja, welche?

→ Sind Sie mit Ihren Eltern/Geschwistern oder auch allein in die öffentliche Bücherei/Bibliothek gegangen? Hatten Sie einen Leseausweis? Haben Sie als Kind regelmäßig Bücher/Medien ausgeliehen? Welche waren das?

→ Haben Sie z. B. zu Weihnachten oder zum Geburtstag oder aus anderem Anlass Bücher geschenkt bekommen? Können Sie sich noch an solche Bücher erinnern?

→ Haben Sie mit anderen Kindern Geschichten aus Büchern nachgespielt? Wenn ja, welche Geschichten waren es und warum gerade diese?

→ Wann haben Sie sich Ihr erstes Buch selbst gekauft? Was war dies für ein Buch? Warum haben Sie es gekauft?

→ Wurde Ihnen als Kind in der Familie oder im Kindergarten oder der Schule vorgelesen? Wer hat Ihnen vorgelesen (evtl. auch Großeltern)? Was war das Besondere an diesen Vorlesesituationen? Was hat Ihnen daran besonders gefallen?

____

____

____

→ Wo standen in der Wohnung Bücher? (Denken Sie dabei nicht nur an Romane etc., sondern auch an andere Arten von Büchern, wie z. B. Reisebücher/Kochbücher/Anleitungen usw. …)

____

____

____

→ In welchen Situationen haben Sie Ihre Eltern und/oder Geschwister lesend erlebt? Was haben Ihre Eltern gelesen?

____

____

____

→ Wurde über Bücher gesprochen? Wer hat dazu den Anstoß gegeben – die Eltern oder Sie als Kind?

____

____

____

→ Sahen Sie als Kind verfilmte Kinderliteratur? Welche Filme waren dies? Hatten Sie die dazu gehörenden Bücher auch?

____

____

____

→ Was fällt Ihnen noch zum Umgang mit Büchern in Ihrer Herkunftsfamilie ein?

____

____

____

b) Sobald Sie alle Fragen durchgegangen sind und beantwortet haben, suchen Sie sich drei Studierende und tauschen sich über die einzelnen Fragen aus.

Analyse + Bewertung

c) Worin bestehen Gemeinsamkeiten und Unterschiede im literarischen Sozialisationsprozess? Und wie erklären Sie sich diese Gemeinsamkeiten und Unterschiede?

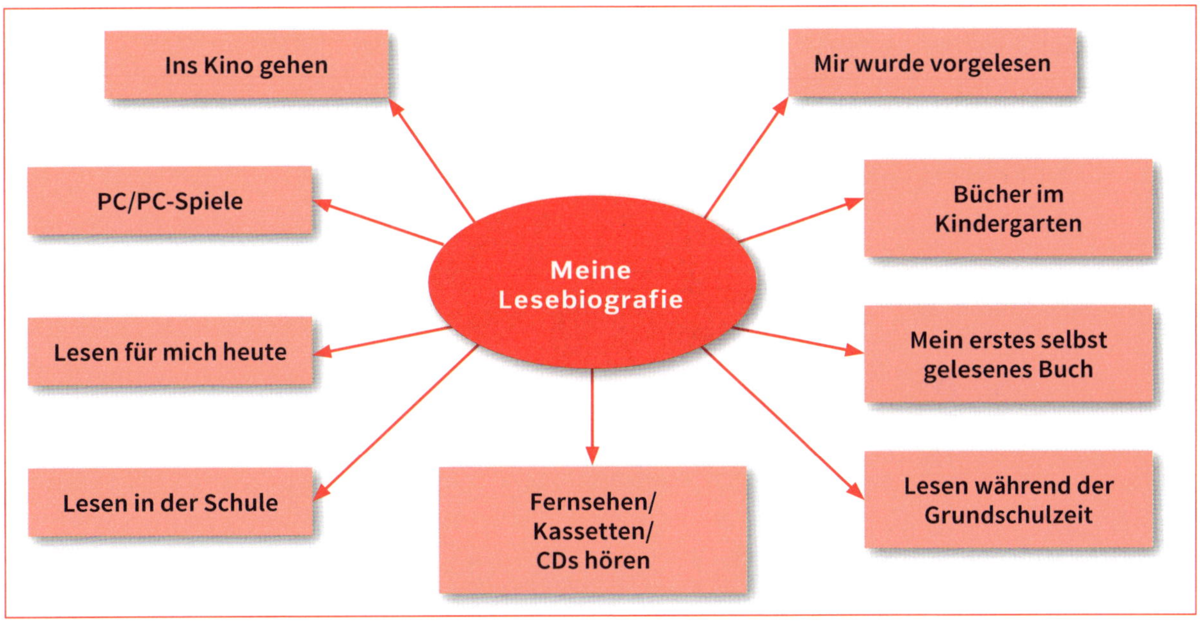

Quelle: Thiele/Steitz-Kallenbach, 2003, S. 27

2 **a)** Setzen Sie sich mit der Skizze zur Lesebiografie auseinander, und vollenden Sie jeden Punkt mit einem ganzen Satz bzw. mit einer kleinen Geschichte.

Wissen + Verstehen

b) Erklären Sie, warum beim Thema „Lesebiografie" auch das Fernsehen, ins Kino gehen oder die PC-Spiele auftauchen? Worin besteht ein Zusammenhang zum Thema „Lesen"?

3 **Die Bedeutung der Kinderliteratur für die (sprachliche) Entwicklung und das Lernen von Kindern**

Querschnittsaufgabe: Sprachbildung

Wenn Erwachsene und Kinder gemeinsam ein Bilderbuch betrachten, so kommen drei Arten des sozialen und kulturellen Lernens zur Anwendung:

- das Imitationslernen
- das Lernen durch Unterricht und das Lernen durch Zusammenarbeit. „Beim gemeinsamen Bilderbetrachten und dem Sprechen darüber kommen alle drei Formen des kulturellen Lernens zum Tragen. Das Kind beobachtet, was der Erwachsene mit dem Bilderbuch macht: Er hält es, er betrachtet es, er spricht über das, was er betrachtet. Er behandelt das Buch kontemplativ[1], als einen Gegenstand zum Betrachten. Das Kind imitiert diese Praxis, der Erwachsene erklärt etwas, was er sieht (Unterricht), bei der Zusammenarbeit zeigt das Kind auf etwas, der Erwachsene reagiert darauf. Ein Austausch, ein gemeinsames wechselseitiges Entdecken beginnt." *(Plaga, 2012, S. 26)*

32 000 000 Wörter!!
Gravierend sind die Auswirkungen für Kinder, die in einer spracharmen Umgebung aufwachsen. Maryanne Wolf, Professorin für kindliche Entwicklung und eine der bedeutendsten Leseforscherinnen, schreibt: „Lesen lernen beginnt, wenn man zum ersten Mal ein Baby auf den Schoß nimmt und ihm eine Geschichte vorliest. Der spätere Leseerfolg hängt zu einem erheblichen Maße davon ab, wie oft dies in den ersten fünf Jahren der Kindheit geschieht oder auch nicht geschieht. Unsere Gesellschaft zerfällt unmerklich in zwei nur selten hinterfragte Klassen – in der einen sind Familien, die ihren Kindern eine Umgebung mit reichlich Kontakt zu gesprochener und geschriebener Sprache bieten, in der anderen mit fließenden Übergängen sind Familien, die dies nicht leisten oder leisten können. Einer wichtigen Studie zufolge besteht schon im Kindergartenalter eine Kluft von 32 Millionen Wörtern Input zwischen Kindern mit dürftiger sprachlicher Stimulation in ihrer Familie und ihren besser versorgten Altersgenossen. Anders gesagt, hat ein durchschnittliches fünfjähriges Mittelschichtkind in seinem Umfeld 32 Millionen gesprochene Wörter mehr gehört als ein gleichaltriges unterprivilegiertes Kind.

Kindergartenanfänger, die bereits Tausende Wörter gehört und verwendet und deren Bedeutung verstanden, klassifiziert und in ihrem jungen Gehirn gespeichert haben, sind auf dem Spielfeld der Bildung klar im Vorteil. Kinder, denen nie eine Geschichte vorgelesen wurde, die nie Wörter hören, die sich reimen, die sich nie ausmalen, gegen Drachen zu kämpfen oder einen Königssohn zu heiraten, haben die weitaus schlechteren Karten." *(Wolf, 2011, S. 23)*

1 kontemplativ = beschaulich, anschauend, besinnlich, betrachtend

Analyse + Bewertung

a) Wenn Sie all dies lesen, welche Gedanken kommen Ihnen zur Bedeutung und zum Umgang mit Bilderbüchern in Kindertageseinrichtungen?

Planung + Konzeption

b) Wie können Kindergärten und Krippen dazu beitragen, die Kluft zwischen den zwei Klassen, die Maryanne Wolf beschreibt, zu verringern?

Halten Sie hier Ihre ersten Gedanken dazu fest:

c) Tauschen Sie sich zunächst darüber mit vier Mitstudierenden aus.

Reflexion

Analyse + Bewertung

d) Reflektieren Sie auf der Basis des bisher Erarbeiteten, wie Sie den Umgang mit Bilderbüchern in Ihrem letzten Praktikum erlebt haben.

→ Wie oft wurden den Kindern Bilderbücher vorgelesen?

→ Welche Arten von Bilderbüchern wurden den Kinder angeboten? Forderten die Bilderbücher die Kinder zum Sprechen und Diskutieren auf?

→ Wie wurden die Kinder von den Erzieherinnen unterstützt, ihre eigene Wahrnehmung und Meinung anderen mitzuteilen?

→ ....

Planung + Konzeption

e) Entwickeln Sie dann miteinander auf der Grundlage des bisher Erarbeiteten Grundsätze zum Umgang mit Kinderliteratur in der Kindertageseinrichtung. Formulieren Sie diese Grundsätze ganz konkret aus – vermeiden Sie alle allgemeinen Formulierungen. Begründen Sie Ihre Grundsätze mit dem Fachwissen, das Sie erworben haben.

Halten Sie die Grundsätze hier schriftlich fest, und stellen Sie im Plenum einen Grundsatz ausführlicher vor.

Unser erster Grundsatz ist:

Wir begründen diesen Grundsatz mit folgendem Fachwissen:

Unser zweiter Grundsatz ist:

Wir begründen diesen Grundsatz mit folgendem Fachwissen:

Unser dritter Grundsatz ist:

Wir begründen diesen Grundsatz mit folgendem Fachwissen:

4 Die dialogorientierte Bilderbuchbetrachtung

→ *Bd. 2, S. 306 ff.*

Querschnittsaufgabe: Sprachbildung/ Partizipation

„Bilderbuchbetrachtung ist nachweisbar eine der effektivsten Formen der Sprachförderung in der frühen Kindheit. Bilder zeigen und erzählen etwas, sie weisen auf etwas hin. Der Aufforderungscharakter dieser Bildsprachlichkeit regt Kinder zum Fragen, Erzählen und Kommentieren an.

Ein Bilderbuch zu betrachten, ermöglicht dem Kind Nähe zum Erwachsenen und sichert ihm seine Zuwendung. Durch die Vorlesesituation, das gemeinsame Hören oder Betrachten einer spannenden oder bewegenden Geschichte, entsteht eine dichte Atmosphäre, die Kinder sehr schätzen und genießen.

Das Besondere dieser Situation ergibt sich aus der gemeinsam geteilten Lesewelt, aus dem sprachintensiven Bezug zur ‚Sache‘: Ein wichtiges Merkmal der Bilderbuchbetrachtung ist die sprachliche Kommunikation, das Wechselspiel von Sprechen und Zuhören. Bei einem solchen dialogorientierten Prozess wird der Text des Bilderbuchs nicht die tragende Rolle spielen wie beim Vorlesen. Der verschriftlichte Text verzahnt sich mit der mündlichen Sprache, er wird auch nicht ohne Unterbrechung vorgelesen werden können. Während beim Vorlesen die sprachlichen Kompetenzen durch den Stil der Schriftsprache erweitert werden, ist die gemeinsame Bilderbuch-Betrachtung geprägt durch den Wechsel zwischen der Vermittlung schriftsprachlicher Texte und dem aktiven Sprachgebrauch. Das ermöglicht Kindern, ihr eigenes Tempo der Buchbetrachtung zu steuern, etwas nachzuschauen, Bilder zu vergleichen und vor- und zurückzublättern. Eine dialogisch orientierte Bilderbuch-Betrachtung motiviert Kinder, eigene Erfahrungen einfließen zu lassen und sich mit der Ästhetik der Bilder auseinanderzusetzen. Das begünstigt die Entwicklung eines reflektierten und differenzierten Gebrauchs der Sprache. Sie sollten daher zum Dialog bereit sein und dem Kind ermöglichen, kreative Bilder im Kopf entstehen zu lassen.

- → Für jüngere Kinder gilt es, die abgebildeten Dinge zu identifizieren und zu benennen, bei älteren Kindern wird definiert, umschrieben und erweiternd erklärt.
- → Eine Geschichte ergibt sich durch die Abfolge der Bilder und ihrer einzelnen Episoden. Stellen Sie mit dem Kind die Beziehungen zwischen Abfolgen und einzelnen Episoden her.
- → Lassen Sie Bedeutung entstehen, indem Sie gemeinsam mit den Kindern konstruieren, Abgebildetem nachspüren, sich fantastische Vorstellungen überlegen.

- → Stellen Sie aus der Abbildung und dem Inhalt des Textes Bezüge zum Leben der Kinder her, z. B.: ‚Dieser Traktor ist reichlich groß. Wie sieht denn der auf dem Bauernhof aus, auf dem du in den Ferien warst?'
- → Manche Geschichten regen auch an, einen möglichen Verlauf vorauszudeuten: ‚Wird das gut gehen, wenn der Hase einen Fuchs trifft? Was wird er wohl tun?'
- → Ermutigen und aktivieren Sie Kinder, Teile der Bilderbuchgeschichte selbst zu erzählen, denn die Kombination von Text und Bild ermuntert das Kind zur Eigenständigkeit.

Grundsätzlich werden Bilder und Schrift eines Bilderbuchs beim Betrachten als Bild-Deutung und als Geschichte versprachlicht. Verweilen, Erklären und Wiederholen sollten ganz natürlich in diese Aktivitäten integriert werden.

Wenn bei der gemeinsamen Bilderbuchbetrachtung der Dialog zwischen Vermittlerin und Kind die zentrale Rolle spielt, ist das Kind aktiv mit einbezogen, es ist zugleich Zuhörer und Erzähler. In dieser kommunikativen Interaktion lässt sich ein dialogisch orientierter Frage- und Antwort-Prozess entfalten und entwickeln. Die Erzieherin löst die sprachliche Beteiligung des Kindes mit Impulsen und Fragen aus. Als Impulse können dienen:

- → Bemerkungen zum Bild: ‚Das Mädchen trägt ja riesige Gummistiefel!'
- → Spontane Ausrufe: ‚Ach, du meine Güte!', ‚Oh je!'
- → Gefühlsäußerungen über die Mimik und Gestik: Wohlbefinden, Erstaunen, Erschrecken zeigen.
- → ‚Was-ist-das-Fragen' und Fragen, die nur mit ja oder nein zu beantworten sind, werden keinen Dialog herstellen können. Die Fragen müssen einen offenen Charakter haben, beispielsweise:
  - Was geschieht hier?
  - Wie geht es wohl weiter?
  - Was glaubst du, was jetzt passiert?
  - Was würdest du an seiner/ihrer Stelle machen?
  - Was wäre, wenn ...?
  - Wie wäre das, als ...?

Bücher, die auf Text verzichten und deren Bilder ausschließlich durch ihre visuelle Gestaltung sprechen, bieten einen besonderen Fundus, eigene Überlegungen zum Handlungsrahmen einer Geschichte anzustellen. Die Dramaturgie ihrer Bilder regt Kinder an, genau hinzuschauen, nachzudenken und ihre eigene Geschichte zu erzählen. Gezielte offene Fragen (siehe oben) regen Kinder an, ihre Fantasie schweifen zu lassen und selbst zu erzählen. Werden diese Erzählungen von Erwachsenen verschriftlicht, vorgelesen und mit dem Kassettenrekorder (*bzw. mit dem CD-Player oder Smartphone etc.; Anmerkung: D. Böhm*) aufgenommen, haben Kinder ihre sprachgestaltende Fähigkeit in zwei unterschiedlichen Medienformen dokumentiert. Diese Zusammenführung von Mündlichkeit und Schriftlichkeit ist ein reizvoller und spannender literarischer Lernprozess."

(Näger, 2005, S. 48–51)

Wissen + Verstehen

a) Jede Teilnehmerin in Ihrer Gruppe wählt ein Bilderbuch.
Betrachten und lesen Sie das Bilderbuch zunächst für sich. Tauschen Sie sich anschließend über die Bilderbücher und deren Inhalt aus, und überlegen Sie, warum dieses Bilderbuch für Kinder bedeutsam sein könnte.

Planung + Konzeption

b) Entwickeln Sie in Einzelarbeit nun zu konkreten Seiten im Bilderbuch Fragen und Bemerkungen, die Kinder zum Gespräch mit Ihnen anregen. Halten Sie Ihre Fragen und Bemerkungen schriftlich fest. Überprüfen Sie, was Kinder auf Ihre Fragen antworten könnten.

c) Führen Sie nun eine Bilderbuchbetrachtung in Ihrer Kleingruppe durch. Klären Sie dafür untereinander, wer damit beginnt. Üben Sie während der Bilderbuchbetrachtung, solche Fragen zu stellen, die die anderen Gruppenmitglieder anregen, mit Ihnen in das Gespräch einzusteigen.

Reflexion

d) Tauschen Sie sich nach der Bilderbuchbetrachtung in der Kleingruppe aus. Geben Sie der Mitschülerin Rückmeldung zu ihrer Fragetechnik. Gehen Sie darauf ein, wo es Ihnen leichtfiel, aufgrund der Fragen in das Gespräch einzusteigen. Überlegen Sie miteinander anhand einzelner Bilderbuchseiten, wie/was Sie noch fragen könnten.

Sollte noch Zeit vorhanden sein, kann die nächste Schülerin eine Bilderbuchbetrachtung beginnen.

Ausgewähltes Bilderbuch:

Autor/Autorin/Illustrator/-in:

Titel:

Verlag:

Erscheinungsort: Erscheinungsjahr:

Folgende Fragen/Bemerkungen sind mir eingefallen:

Seite:

→

→

→

Seite:

→

→

→

Seite:

→

→

→

Seite:

→

→

→

Seite:

→

→

→

TIPP ZUM WEITERLESEN: →→

→ Fischer, Sybille (2013): Fragen lesen. Bilderbücher dialogisch betrachten. In: Kleinstkinder in Kita und Tagespflege. Herder, Freiburg, Heft 1/2013, S. 24–26

Querschnittsaufgabe: Sprachbildung

5 Welche Fähigkeiten Kinder beim Betrachten von Bildern erwerben! – Kinderliteratur in der Krippe

Die Bilderbuchforscherin Bettina Kümmerling-Meibauer hat sich ausführlich mit der Frage beschäftigt, welche Fähigkeiten Kinder benötigen, wenn sie Bilder verstehen sollen. Sie identifizierte vier Aspekte, auf die es bei der Bildbetrachtung besonders ankommt. (Kümmerling-Meibauer, 2009, S. 27)

1. Das Kind muss zunächst lernen, den Hintergrund von der abgebildeten Figur zu unterscheiden. Dies bedeutet, es erwirbt die Fähigkeit, Wichtiges von Unwichtigem zu unterscheiden. Das Kind versteht z. B., dass der Ball im Zentrum steht und nicht die blaue Fläche im Hintergrund. Diese Fähigkeit benötigt der Mensch an ganz vielen Stellen. So ist der Erwachsene in der Regel in der Lage, bei einem Text zu sagen, was die zentralen Aussagen sind. Dies ist nichts anderes als die Unterscheidung in wichtig und unwichtig, in bedeutsam und weniger-bedeutsam.
2. Durch die Bildbetrachtung erwirbt das Kind die Fähigkeit zu erkennen, dass Linien, Punkte und Farben immer eine Bedeutung haben, auch wenn sie in der Realität nicht vorkommen. So lernt das Kind z. B., wenn es einen mit einer schwarzen Linie umrandeten Gegenstand sieht, dass die schwarze Umrandung den Gegenstand hervorhebt.
3. Kinder müssen bei der Bildbetrachtung die Fähigkeit erwerben, „ein dreidimensionales Objekt auf eine zweidimensionale Fläche zu projizieren und es wiederzuerkennen." Entwicklungspsychologen haben in verschiedenen Untersuchungen herausgefunden, dass Kinder ab ca. neun Monaten diese Fähigkeit besitzen und in der Lage sind, zu erkennen, dass das abgebildete Objekt die Abbildung eines Gegenstandes darstellt. Allerdings kann es noch bis zum zweiten Lebensjahr vorkommen, dass Kinder versuchen, einen abgebildeten Gegenstand aus einem Bilderbuch herauszunehmen. Wenn das Kind hier immer wieder die Erfahrung macht, dass es nicht in den abgebildeten Apfel beißen kann, dann erkennt es, „dass es zwischen Bildern und Referenten sorgfältig unterscheiden muss".
4. Und schließlich müssen Kinder die Fähigkeit erwerben „Schemata zu erfassen, d. h. die Ähnlichkeit zwischen einem realen Objekt und der jeweiligen Abbildung zu erkennen." Dabei geht es um die Fähigkeit, gemeinsame Merkmale von Abbildung und Gegenstand zu erkennen. Das Kind erfasst z. B. die runde Form des Balles und kann nun auf dem Bild dieses Schema ebenfalls erkennen. Daraus leitet es dann ab, dass der abgebildete Gegenstand, der ebenfalls rund ist, ein Ball sein muss. Wir sprechen hier davon, die „prototypischen Merkmale des Objektes zu erfassen." Auch hier kommt es wieder darauf an, dass das Kind zunächst das Wesentliche vom Unwesentlichen unterscheiden kann. Es achtet also zunächst nicht auf die Farbe des Balles, sondern vielmehr auf die Form. Die Identifizierung der Form (rund) ermöglicht es ihm, einen Abgleich mit dem vor ihm liegenden Ball oder dem inneren Bild eines Balles vorzunehmen und daraus dann den Schluss zu ziehen, dass es sich bei dem abgebildeten Gegenstand tatsächlich um einen Ball handeln muss.

Damit wird deutlich, dass Bilder immer die Abbildung visueller Codes darstellen. So wie das Kind lesen lernen muss, so muss es auch lernen, Bilder zu „lesen"! So wie beim Kind die Erkenntnis wächst, dass Sprache nach Regeln funktioniert, so muss es auch erfassen, dass Bilder ebenfalls nach Regeln gestaltet werden.

Reflexion

a) Denken Sie an mehrere Situationen aus Ihrem Alltag, in denen Sie die Fähigkeit benötigen, Bedeutsames von weniger Bedeutsamem zu unterscheiden. Halten Sie diese Situationen schriftlich fest. Achten Sie darauf, dass Sie diese Situationen genau beschreiben. Gehen Sie auf Ihre eigene Strategie in diesen Situationen ein und zeigen Sie auf, wie Sie dabei vorgehen.

Folgende Situation fällt mir ein:

Analyse + Bewertung

b) Wählen Sie ein Bilderbuch aus, und schauen Sie sich die einzelnen Bilder genau an. Halten Sie fest, auf welchen Schemata diese Bilder aufbauen. Beschreiben Sie also die prototypischen Merkmale der abgebildeten Gegenstände genau.

c) Tauschen Sie sich anschließend mit drei Mitstudierenden darüber aus, und halten Sie Ihre Arbeitsergebnisse fest.

Unsere Arbeitsergebnisse sind:

6 Auseinandersetzung mit interessanten Bilderbüchern

Querschnittsaufgabe: Wertevermittlung, Sprachbildung

Bilderbücher greifen für Kinder wichtige und interessante Themen auf. In der folgenden Liste sind für Sie einige Bilderbücher zusammengestellt, die jeweils ein Thema oder eine Bilderbuchart repräsentieren.

Bilderbücher zu folgenden Themen:

Streit/Krieg und Frieden

- ✓ **Lembcke, Marjaleena/Ellermann, Heike:** Der Gänsegeneral. Rostock, Hinstorff Verlag, 2008
- ✓ **Lindgren, Astrid/Törnqvist, Marit:** Als Adam Engelbrecht so richtig wütend wurde. Oetinger, Hamburg, 1991
- ✓ **McKee, David:** Du hast angefangen! Nein, Du! Sauerländer Verlag, Düsseldorf, 1986
- ✓ **Schärer, Kathrin:** So war das! Nein, so! Nein, so! atlantis, Zürich, 2007

Familie

- ✓ **Tae-Jun, Lee/Dong-Seong:** Wann kommt Mama? Zürich, NordSüd Verlag, 2008
- ✓ **Maxeiner, Alexandra/Kuhl, Anke:** Alles Familie. Leipzig, Klett Kinderbuch, 2010
- ✓ **Kimura, Ken/Murakami, Yasunari:** 999 Froschgeschwister ziehen um. Zürich, NordSüd Verlag (Korea), 2011
- ✓ **Burnigham, John/Korschunow, Irina:** Mein Opa und ich. Zürich, Parabel Verlag, 1984
- ✓ **Baltscheit, Martin/Kamm, Katja:** Hauptsache, es wird kein Hund. Zürich, Bajazzo Verlag, 2008
- ✓ **Norac, Carl/Godon, Ingrid:** Mein Papa ist ein Riese. Hamburg, Carlsen Verlag, 2004
- ✓ **Lindgren, Astrid:** Ich will auch Geschwister haben. Hamburg, Oetinger Verlag, 1974

Interkulturelle Bilderbücher:

- ✓ **Toledo, Eymard:** Bené, schneller als das schnellste Huhn. BAOBAB BOOKS, Schweiz (Brasilien), 2013
- ✓ **Spier, Peter:** Menschen. Stuttgart, Thienemann Verlag, 1981/2012
- ✓ **Smith, David J./Armstrong, Shelag:** Wenn die Welt ein Dorf wäre … Wien, Jungbrunnen Verlag, 2002
- ✓ **Bulang-Lörcher, Monika/Große-Oetringhaus, Hans-Martin:** Aminatas Entdeckung. Frankfurt/M., Grundschulverband - Arbeitskreis Grundschule, 1994
- ✓ **Busche, Sabine:** Wie pinkelt eigentlich ein Huhn? München, Edition bi:libri, 2010
- ✓ **Schami, Rafik/Könnecke, Ole:** Wie ich Papa die Angst vor Fremden nahm. München, Hanser, 2003
- ✓ **Minne, Brigitte/Cneut, Carll:** Rotgelbschwarzweiß. Düsseldorf, Sauerländer Verlag, 2004

Flucht/Vertreibung

- ✓ **Ruprecht, Frank:** Wie weit weg ist Pfefferland? Münster, Ökotopia Verlag, 2004
- ✓ **Kobald, Irena:** Zuhause kann überall sein. München, Knesebeck Verlag, 2014

- ✓ **Tuckermann, Anja/Schulz, Tine:** Alle da! Unser kunterbuntes Leben. Leipzig, Klett Kinderbuch, 2015
- ✓ **Fuchshuber, Annegret:** Karlinchen. Ein Kind auf der Flucht. Berlin, Ueberreuter, 2015
- ✓ **Murschetz, Luis:** Der Maulwurf Grabowski. Zürich. Diogenes Verlag, 1972
- ✓ **Dubois, Claude K.:** Akim rennt. Frankfurt/M., Moritz-Verlag, 2014

Freundschaft

- ✓ **Heine, Helme:** Freunde. 15. Aufl., Weinheim/Basel, Beltz, 2014
- ✓ **Olten, Manuela:** Wahre Freunde. Weinheim/Basel, Beltz, 2005
- ✓ **Bournay, Delphine:** Krümel und Pfefferminz. Allerbeste Freunde. München, Hanser, 2014
- ✓ **Tidholm, Anna-Clara:** Alle dürfen mit. München, Hanser, 2005

a) Vorbereitung: Einigen Sie sich in Ihrer Kleingruppe auf ein Thema. Wählen Sie untereinander dann jeweils ein Bilderbuch aus, das Sie sich selbst besorgen. Achten Sie darauf, dass Sie in der nächsten Unterrichtsstunde das Bilderbuch dabeihaben und mit Ihrer Kleingruppe bearbeiten können.

Analyse + Bewertung

b) Setzen Sie sich mit dem mitgebrachten Bilderbuch in Einzelarbeit auseinander. Tauschen Sie sich anschließend in der Kleingruppe zu den mitgebrachten Bilderbüchern aus. Wählen Sie dann ein Bilderbuch aus, mit dem Sie sich gemeinsam ausführlicher beschäftigen wollen.
Betrachten Sie gemeinsam das ausgewählte Bilderbuch. Und bearbeiten Sie folgende Fragen:

- → Wie wird das Thema in diesem Bilderbuch angesprochen? Wie wird das Thema dargestellt? Wählen Sie entsprechende konkrete Bilder und Textstellen aus.
- → Warum könnte dieses Bilderbuch für Kinder wichtig sein?
- → Überlegen Sie, welchen Illustrationsstil Sie in diesem Buch finden. Zeigen Sie anhand konkreter Beispiele, woran dies erkennbar ist.
- → Überlegen Sie, für welches Alter das Bilderbuch geeignet ist. Begründen Sie Ihre Überlegung.
- → Überlegen Sie miteinander, wie sich dieses Bilderbuch zum Gespräch mit Kindern eignet.

c) Erstellen Sie zu diesem Bilderbuch ein Plakat mit den wichtigsten Informationen.

Stellen Sie das Bilderbuch im Plenum vor, und achten Sie darauf, dass alle an der Präsentation beteiligt sind.

→ Bd. 2, S. 292 ff.

Querschnittsaufgabe: Sprachbildung

7

Definition: Kinderlyrik

„Sämtliche in gebundener, großenteils gereimter Sprache und in einer bestimmten Form von Kindern oder Erwachsenen für Kinder vom Kleinkindalter bis etwa 12 Jahre verfassten und von diesen rezipierten sprech-, les- und zum Teil auch singbaren Texte.“

(Franz, 2005, S. 201)

Wissen + Verstehen

a) Beantworten Sie folgende Fragen:

Was bedeutet der Begriff „gebundene Sprache“?

____

____

____

Wer sind die Autorinnen und Autoren von Kinderlyrik?

____

____

____

An wen richtet sich Kinderlyrik?

____

____

____

Welche Anforderungen muss Kinderlyrik erfüllen? Wie müssen die Texte rezipiert werden können?

____

____

____

b) Eine Kinderlyriksammlung erstellen

Planung + Konzeption

Erinnern Sie sich an Sprüche, Abzählreime, Verse und Lieder aus Ihrer Kindheit?

Schreiben Sie gut lesbar diese Sprüche, Reime und Verse jeweils auf ein eigenes Blatt.

Stellen Sie diese anschließend in der Klasse vor. Vermutlich wird es einzelne Verse in verschiedenen Varianten geben.

Vereinbaren Sie in der Klasse, wer die gesammelten Verse zu einem Dokument zusammenfügt.

Kopieren Sie anschließend die Kinderlyriksammlung für alle.

Medienpädagogik

→ Bd. 2, S. 313 ff.

1: Einsatz digitaler Medien in der sozialpädagogischen Arbeit

Sie nehmen an einem Elterngespräch teil. Dabei wird das Portfolio gezeigt. Einige Fotos sind in Klarsichthüllen im Ordner. Gerade bei Eltern nicht-deutscher Muttersprache wäre es schön, so die Anleiterin, wenn man die Fotos direkt zur Entwicklungsdokumentation hinzufügen könnte. Doch leider wisse sie nicht, wie man die Fotos vom Apparat auf den PC bekäme. Da sei es einfacher, die Bilder in der Drogerie schnell auszudrucken.

Digitale Medien nutzen

↘ KOMPETENZEN

- → *Die Absolventinnen und Absolventen verfügen über Fertigkeiten, Handlungsmedien sach-, methoden- und zielgruppengerecht einzusetzen.*
- → *Die Absolventinnen und Absolventen verfügen über Fertigkeiten, technische Medien in die pädagogische Arbeit mit Kindern, Jugendlichen und jungen Erwachsenen gezielt einzubeziehen.*

Fotos sind in der Kindertagesstätte selbstverständlich geworden. Und seit der Digitalfotografie auch leicht und preiswert einsetzbar. Ob klassisch als Erinnerung an den Ausflug oder als Element der Dokumentation. Gerade im Kontakt mit Eltern nicht-deutscher Muttersprache sind sie eine gute Gesprächsgrundlage. Fotografien veranschaulichen. Nur wie kommt das Foto auf den PC? Mit welcher Software kann ich es bearbeiten?

Keine Angst, Sie müssen nicht jedes Mal zum nächsten Drogeriemarkt rennen, um sich Ihre Bilder auszudrucken. Nehmen Sie doch die SD-Karte aus dem Foto oder Handy und stecken Sie diese in Ihren Card-Reader am PC. Möglicherweise müssen Sie hier einen Adapter (in der Regel bei der SD-Karte mitgeliefert) verwenden. Sollten Sie kein Karten-Lesegerät (Reader) haben, können Sie Ihren Fotoapparat oder auch ihr Handy per USB-Kabel am PC anschließen. Sie benötigen jetzt keine fremde Software. Sie nutzen die Karte wie ein externes Laufwerk oder wie einen Stick als Wechseldatenträger.

In Ihrem PC rufen Sie durch Mausklick „Mein PC" auf. Den Button Arbeitsplatz finden Sie auf dem Desktop. Durch Doppelklick können Sie ihn öffnen und erhalten dann eine Übersicht über die Datenträger. Öffnen Sie nun den Datenträger für Ihren Card-Reader oder der Kamera. Sie sollten jetzt als Datei Ihre Fotos sehen. In der Regel sind sie als JPG-Datei abgespeichert. Dies ist ein vielfach verwendetes Kompressionsverfahren. Diese Dateien können Sie jetzt durch Klicken aufrufen oder auch wie Texte kopieren. Also markieren und in einem Ordner auf Ihrem PC speichern. In der Regel gibt es hier einen Ordner „Eigene Bilder", den Sie verwenden können. Sollten Sie auf die Kamera als Wechseldatenspeicher direkt zugegriffen haben, kann es sein, dass Sie zunächst verschiedene kameraeigene Ordner sehen. In der Regel sind die Bilder unter DCIM abgespeichert. Klicken Sie ruhig auf alle Ordner, bis Sie Ihr Bild gefunden haben.

Erst wenn die Bilder auf dem PC sind, können sie bearbeitet, in Texte eingefügt oder als Dia-Show aufbereitet werden. Die Grundlage der Verwendung von Bildern in der pädagogischen Arbeit ist die Sammlung auf dem PC (denken Sie bitte hier auch an den Datenschutz, siehe Arbeitsbuch).

1 Kopieren Sie ein Foto aus Ihrer Digitalkamera oder dem Smartphone auf den PC, und speichern Sie es dort unter „Eigene Bilder" ab. *Wissen + Verstehen*

Hinweis: Bildbearbeitung

Es gibt zahllose Bildbearbeitungsprogramme. Alle sind für die üblichen Grundanwendungen geeignet.
Im Folgenden beziehen wir uns auf die kostenlose Software Irfanview. Sie können sie beispielsweise unter www.heise.de/download/irfanview.html herunterladen. Nach der Installation können Sie unter „Options" und „Change language" zur deutschen Programmoberfläche wechseln.
Wenn Sie eine Software installiert haben, können Sie Ihr Bild über „Datei" und dann „Öffnen" im PC suchen und durch Anklicken aufrufen. Kostenlose, umfangreichere Programme sind Paint.net und Gimp.

2 Probieren Sie die unter „Bild" angebotenen Bildbearbeitungen aus. *Wissen + Verstehen*

Als besonders einfach und praktisch hat sich die Funktion „Auto-Korrektur" erwiesen. Hier wird das Bild einfach optimiert. Beim Speichern erscheint ein Fenster, in dem Sie entweder das Originalbild durch die jetzt veränderte Fassung ersetzen oder mit neuem Namen abspeichern können. Auch andere Veränderungen können Sie so unter einem neuen Dateinamen abspeichern, sodass das Originalbild weiterhin unbearbeitet existiert. Probieren Sie aber auch die anderen Möglichkeiten aus.

→ Was verändert sich? *Analyse + Bewertung*

→ Was ist nur Spaß, was könnten Sie in der Arbeit verwenden?

____

____

____

____

3 Möglicherweise wollen Sie einen Text in ein Bild einfügen. Markieren Sie durch Festhalten der linken Maustaste den Abschnitt, in dem der Text erscheinen soll. Gehen Sie nun auf „Bearbeiten", dann „Text einfügen". In die Markierung können Sie nun durch Eingabe in die geöffnete Maske einen Text eingeben. Schriftart, Textgröße und Textfarbe können Sie wie bei Word unter „Schrift" wählen. Versuchen Sie es. Probieren Sie verschiedene Schriften und Textfarben aus. Wann ist der Text am besten lesbar? *Wissen + Verstehen*

Wissen + Verstehen

4 Natürlich wollen Sie auch einmal einen Ausschnitt vergrößern. Hierzu markieren Sie wieder den Ausschnitt mit der Maus. Gehen Sie dann auf „Bearbeiten“ und wählen „Freistellen“. Schon haben Sie ein anderes Foto. Probieren Sie es aus.

Wissen + Verstehen

5 Verwenden Sie weitere Möglichkeiten der Software. Nur Mut, Sie können nichts falsch machen. Beachten sie allerdings: Verändern Sie das Originalfoto nur, wenn Sie sich wirklich sicher sind.

Hinweis zum Fotografieren:

Die Werbung verspricht es: Fotografieren kann jede. Stimmt. Und doch ist das Ergebnis sehr unterschiedlich. Im Bereich der Kindertagesstätten gilt es, einige Grundregeln zu beachten:

1. Auf Augenhöhe
Bei Aufnahmen von Kindern sollte die Kamera immer auf Augenhöhe sein. Und da die Kinder in der Regel kleiner sind: runter mit der Kamera. Da muss die Fotografin in die Knie gehen oder sich gar auf den Boden legen. Probieren Sie es aus!

2. Ran ans Motiv
Sie kennen das. Beim Betrachten eines Bildausdrucks will man unwillkürlich heranzoomen. Das gezeigte ist klein, zu klein. Also ran ans Motiv. Keine Scheu, denn Sie wollen ja etwas genau dokumentieren. Da die Zooms oftmals nur elektronisch sind, helfen sie auch nicht weiter. Sie rechnen einfach das Bild in ein anderes Format hoch. Dadurch wird das Bild erheblich schlechter. Auch optische Zooms verschlechtern in der Regel die Bildqualität, da sie viel Licht schlucken.

3. Kein Gegenlicht
Zahlreiche Aufnahmen müssen im Gruppenraum entstehen. Hier kann die Entwicklung des Kindes am besten dokumentiert werden. In der Regel haben Gruppenräume eine große Fensterfront und drei Wände ohne Fenster. Das Licht kommt also nur von einer Seite. Fotografieren Sie niemals gegen die Fensterfront. Dann bekommen Sie nur ein verschattetes Motiv.

4. Das Normale ist das Fotogene
Sie wollen die Entwicklung des Kindes dokumentieren. Deshalb sollten Sie das normale Verhalten der Kinder fotografieren. Kinder, die bewusst in die Kamera schauen, sich in Pose bringen, sind nicht förderlich. Trainieren Sie deshalb mit den Kindern, dass sie die Kamera ignorieren.

5. Kein Blitz
Um Normalität dokumentieren zu können, ist es hilfreich, auf den Blitz zu verzichten. So werden die Kinder in ihrem Spiel nicht gestört, und Sie erhalten zudem noch natürlichere Farben. Um dies zu können, benötigen Sie eine möglichst lichtstarke Kamera. Bilder mit einer Belichtungszeit von $^1/_{60}$ Sekunden lassen sich noch gut aus der Hand fotografieren, sodass die Bilder auch ohne Stativ nicht verwackeln.

6. Die 2:1-Regel
Moderne Kameras verführen mit einem Fadenkreuz dazu, das Objekt immer in der Mitte zu postieren. Die ultimative Regel zur Bildgestaltung fordert aber eine andere Positionierung. Stellen Sie sich das Foto in drei gleich große horizontale bzw. vertikale Streifen zerschnitten vor. Bringen Sie Ihre Motive an den Trennlinien dieser Drittel unter. Einzelne Personen nicht genau in der Mitte platzieren, sondern auf der Trennlinie zwischen linkem oder rechtem Drittel. Man nennt dies auch den goldenen Schnitt.

6 Probieren Sie die oben aufgeführten Regeln aus.

Wissen + Verstehen

Zu 1: Nehmen Sie die unterschiedlichen Perspektiven auf. Entweder wählen Sie eine Mitstudierende als Motiv oder Sie nehmen eine lebensgroße Babypuppe.

Analyse + Bewertung

Zu 2: Nehmen Sie eine Person aus unterschiedlicher Entfernung auf: Vergleichen Sie.

Zu 3: Klassenräume sind denen von Kitas ähnlich. Nehmen Sie eine Studierende im Gegenlicht und als Kontrast von der Fensterseite aus auf. Was können Sie auf den Bildern erkennen?

Zu 4: Knipsen Sie ein Bild Ihrer Lerngruppe. Anschließend bringt sich die Gruppe in Pose. Beschreiben Sie die beiden Bilder mit Ihren Worten.

Zu 5: Fotografieren Sie Ihre Lerngruppe oder eine Person mit und ohne Blitz. Wie wirken die Bilder?

Zu 6: Stellen Sie ein Motiv in die Mitte eines Bildes. Zum Vergleich fotografieren Sie das Bild gemäß der oben beschriebenen Regel.

7 Ein Besuch im Museum ist manchmal ermüdend, und nicht alles erschließt sich dem Betrachter von selbst. Nehmen Sie sich doch einmal etwas Besonderes vor. Erstellen Sie einen Ausstellungskatalog. Dazu benötigen Sie:

Planung + Konzeption

- → Informationen über die Ausstellung
- → Bilder, die Sie selbst fotografieren
- → eine gute Kamera
- → Kenntnisse im Textverarbeitungsprogramm Word

Und schon kann es losgehen.

- → Überlegen Sie sich, welcher Aspekt Ihnen an der Ausstellung wichtig ist. Gehen Sie zunächst durch die Ausstellung und schauen Sie sich um. Nehmen Sie Informationen auf. Sprechen Sie mit anderen über die Wirkung der Exponate. Überlegen Sie, welche Ausstellungsgegenstände wie dargestellt werden sollten.
  - Gibt es ungewöhnliche Perspektiven?
  - Wer schreibt die Texte?
  - Wie kann man eine Bildunterschrift einfügen?
- → Gestalten Sie in einer Arbeitsgruppe einen Musterkatalog.
  (Dies ist übrigens eine Aufgabe, die auch mit Kindergartenkindern durchgeführt werden kann.)

Hinweis zum Filmen mit Kindern:

Filmen ist kinderleicht. Also lassen wir Kinder ran an die Kamera. Doch vorher sollten wir es selbst ausprobiert haben.

Planung + Konzeption

8 Besorgen Sie sich eine Kamera. Manche guten Handys können auch filmen, aber mit einer HD-Kamera geht vieles einfacher. Probieren Sie den Zoom aus, die Scharfstellung, ggf. die Auswahl und den Austausch des Speichermediums. Wenn alles vorhanden ist, heißt es: Film ab.

Doch was ist zu filmen? Stellen Sie sich vor, Sie seien ein Kindergartenkind und würden die Schule besuchen. Spüren Sie der Perspektive des Kindes nach. Beim Filmen gelten übrigens die gleichen Gesetzmäßigkeiten wie für das Fotografieren, also nah dran, auf Augenhöhe usw.

Wenn Sie einige Sequenzen gedreht haben, können Sie diese bearbeiten. Bitte nehmen Sie sich Zeit. Man rechnet als Filmamateur für eine Minute Film mit etwa einer Stunde Nachbearbeitung. Also Geduld. Sie können Ihren Film nun schneiden und mit Musik unterlegen. Kostenlose Schnittprogramme sind etwa Windows Moviemaker, OpenShot und NHC Videopad (alte Version 4.6).

Auch Kinder können mithilfe von Erwachsenen kleine Filme herstellen.

2: 3D-Druck[1]

Der Hintergrund

Das Thema 3D-Druck taucht immer öfter in den Medien auf. Aus Entwürfen am Computer entstehen Schicht für Schicht langsam reale Objekte: Egal ob Ersatzteile, Kunstwerke oder Erfindungen, fast alles lässt sich mittlerweile am heimischen Schreibtisch herstellen.

Vor allem durch das Reprap-Projekt, das selbst-replizierende Maschinen anstrebt, fand die Technik Verbreitung und wurde auch für Heimanwender erschwinglich.

Der „UP“ 3D-Drucker

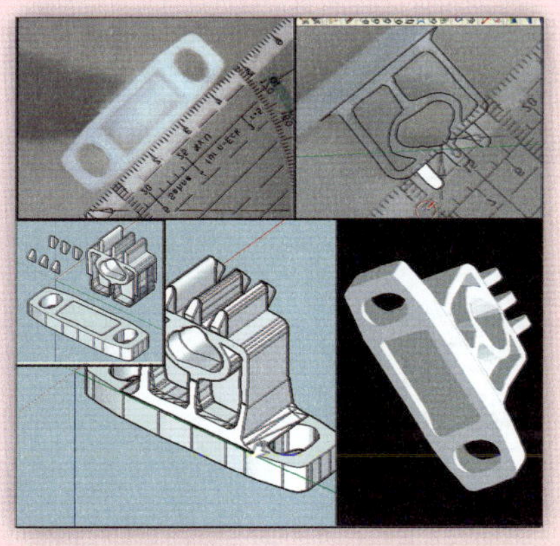

Ein gebrochenes Plastikteil eines Möbelhauses wird gescannt, nachgezeichnet und ein 3D- Modell erstellt. Statt eines neuen Schranks werden nur 30 Cent fällig.

Die Technik

Beim „Rapid Prototyping“ (schnelle Musterentwicklung) wird ein Computermodell in dünne Schichten zerlegt (Slicing) und zu einer Steuerelektronik übertragen.

Ein 3D-Drucker legt Kunststoff ab, hebt die Düse einige Mikrometer und trägt weitere Schichten auf. Je nach Qualität und Größe kann ein Objekt Minuten oder etliche Stunden benötigen.

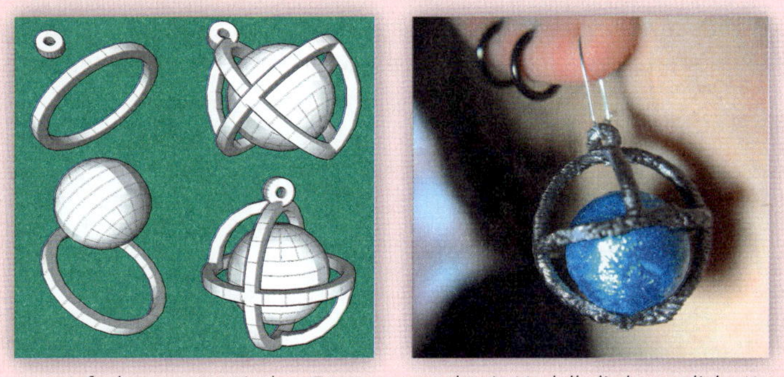

Aus einfachen geometrischen Formen entsteht ein Modell; die bewegliche Kugel entstand direkt im Käfig. Neben Schmuck sind auch bewegliche Zahnräder oder Ähnliches möglich.

1 Dieser Text basiert auf Ausführungen und Versuchen von Marcus Shaw (www.PixelGiraffe.com), der auch die Bilder zur Verfügung stellte.

Einige Geräte arbeiten wie eine motorisierte Heißklebepistole und tragen z. B. ABS, PLA oder Nylon auf. Andere Geräte verschmelzen mit einem Laser-Pulver in einem Behälter (Kunststoffe, Glas, Metall) oder härten ein Kunstharz aus. Auch farbige Modelle aus Papier oder gipsartigem Pulver, das mit Tintenstrahldüsen verbunden wird, sind möglich.

Je nach Material sind die Objekte brüchig, robust, flexibel oder starr, dünn oder dick. Ein Grund für das im Amateurbereich weitverbreitete „Schmelzverfahren“ sind die niedrigen Kosten, die saubere Handhabung und die Materialeigenschaften.

Die Erstellung eines 3D-Modells

Für den Einstieg bietet sich beispielsweise das kostenlose Programm SketchUp (www.sketchup.com/de) an. Viele Benutzer erstellten nützliche Erweiterungen. Im Programm oder auf Youtube finden sich zahlreiche Anleitungen. Aus Grundformen wie Kugeln und Würfeln lassen sich komplexere Modelle erstellen.

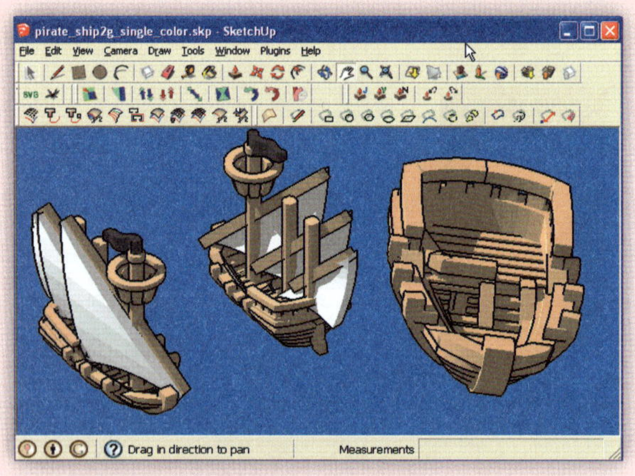

Ein Schiff entsteht in SketchUp: Aus Grundformen und dem Skalieren-und Ziehen-Werkzeug entsteht der Rumpf. Nach dem Druck wird das Schiff mit Modellbau- oder Nagellack bemalt.

Beim Druck muss beachtet werden, dass kein Bauteil zu dünn wird (mindestens 0,7 Millimeter, besser 1–2 Millimeter). Ein Schiffsegel darf keine Fläche sein, sondern muss wie ein Kissen ein Volumen haben. Alternative Anwendungen sind beispielsweise Autodesk 123D, FreeCad oder das komplexe Blender, das eigentlich für 3D-Animation gedacht ist.

Anwendung für jüngere Kinder

Auch wenn Technik und Software zunächst sehr technisch anmuten, ist es trotzdem sehr gut möglich, auch Kinder mit dem Thema vertraut zu machen.

Auf der Seite Thingiverse.com finden sich zahlreiche **fertige Objekte,** die sich zum Teil an eigene Bedürfnisse anpassen lassen. So kann man beispielsweise eigene Anhänger oder Plätzchenformen (thingiverse.com/thing:116042) entwerfen.

Online-Baukästen wie z. B. 3DTin.com laufen im Browser und sind recht einfach zu bedienen. Das beliebte Spiel **Minecraft** eignet sich hervorragend, um Kindern das Prinzip der 3D-Modellierung zu vermitteln. Dort werden mit Klötzchen ganze Häuser und Landschaften erstellt. Mit *Printcraft, Minecraftprint* oder *Mineways* lässt sich solch ein Kunstwerk drucken. Für erste Experimente sind www.3km.ch/voxel oder www.voxelbuilder.com aber die einfachste Lösung.

In Minecraft lassen sich aus Klötzchen Häuser und Skulpturen erstellen. Neben Holz und Stein lassen sich auch Melonen und Lava für das Interieur verwenden.

Mit einer **Kinect-Kamera** der X-Box (ca. 100,00 €) und einem aktuellen Computer lassen sich größere Objekte und Kinder **„scannen".** Dazu wird z. B. Reconstructme.net verwendet und die Kamera um das Kind bewegt oder ein Drehstuhl benutzt. Ohne Kinect gibt es Anbieter, die aus **Kamerabildern** 3D-Modelle erstellen (Autodesk 123D Catch, Cubify Capture, insight3D).

Mit der kostenlosen Software von Meshmixer.com lassen sich Modelle ausbessern und spaßige Korrekturen wie etwa Hasenohren einfügen. Netfabb.com bietet Software und Onlinedienste, um Fehler automatisiert zu reparieren und hat zudem zahlreiche Bearbeitungs- und Filterfunktionen.

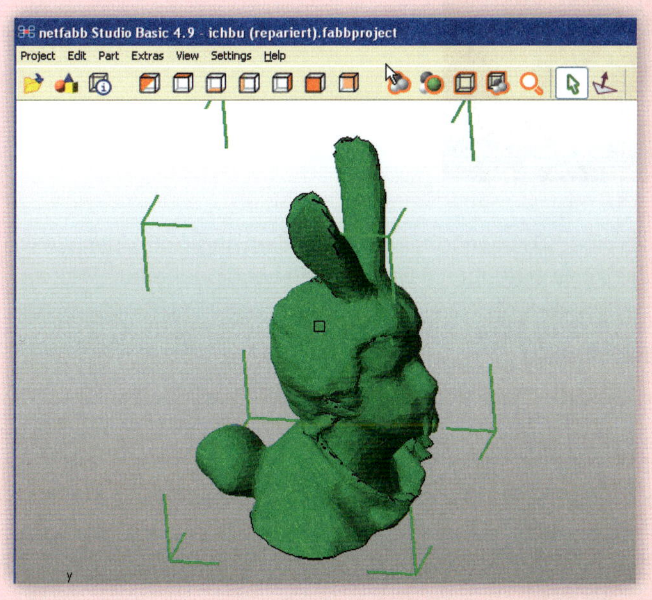

Eine Büste von einem Kinect-Scan wird mit Hasenohren erweitert.

Drucken lassen ...

Es gibt Dienstleister (Shapeways, iMaterialise, Ponoko, Staples und Sculpteo), die Modelle ab ca. 1,00 € pro Kubikzentimeter Material drucken. Einige bieten hochwertigen Materialien wie z. B. Gold und Keramik.

... und selber drucken

Für den Einsatz mit Kindern kommen nur die bis auf den heißen Extruder unproblematischen Plastik-Extruder infrage. Die Materialkosten sind mit ca. zwei Cent pro Gramm gering. Bausätze gibt es ab 140 € (Prusa i3 Bausatz), Fertiggeräte ab ca. 200 bis 400 € (Mini Fabrikator 2).

Hinsichtlich der Bedienung und der Minimierung des Zeitaufwands ist der „UP" oder „UP Mini" von www.up3d.com zu empfehlen. Kaum ein Drucker bietet eine so einfache Bedienung und Handhabung.

Im Gegensatz zum UP basieren viele Geräte auf dem RepRap-Projekt: Die Bedienung von Hard- und Software ist komplexer, Modifikationen und Reparaturen sind aber leichter.

Wissen + Verstehen

1 Gehen Sie auf www.Thingiverse.com und suchen Sie ein Modell, das sich anpassen lässt („Customize“). Erstellen Sie ein personalisiertes Modell mit einem Text oder Muster.

Keks-Ausstecher mit Smiley-Prägung

Wissen + Verstehen

2 Nutzen Sie beispielsweise Sketchup oder eine der Online-3D-Anwendungen (www.3km.ch/voxel oder www.voxelbuilder.com), um Ihre Initialen auf eine große Plakette zu schreiben. Fügen Sie ein Loch oder einen Ring an. Kein Teil darf dünner als 0,7 Millimeter sein.

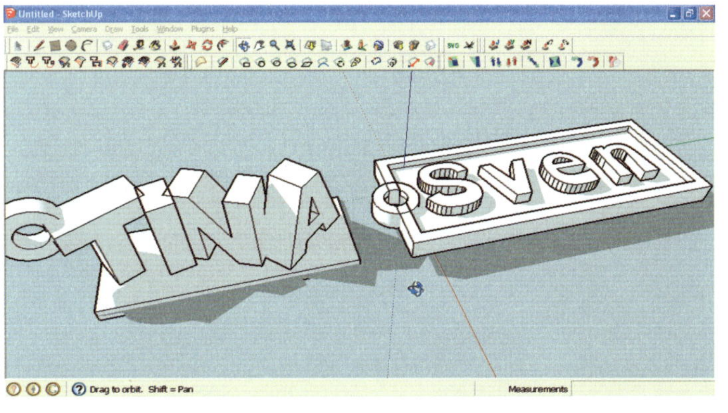

Namensschilder können beispielsweise als geprägte Plakette oder 3D-Text entworfen werden.

Wissen + Verstehen

3 Melden Sie sich bei einem der 3D-Druck-Dienste an, und vergleichen Sie für Ihre Modelle die Preise. Wie ändern sich die Kosten für eine kleinere oder dünnere Version (Volumenberechnung)? Größere Objekte, wie 3D-Scans (z. B. Büsten) lassen sich auf der Unterseite aushöhlen.

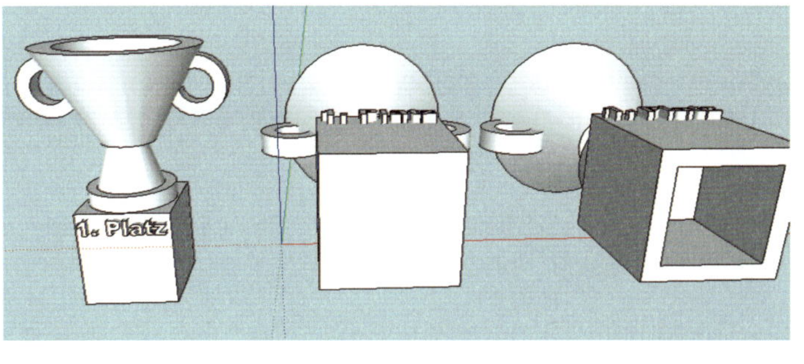

Der rechte Pokal mit hohlem Sockel ist deutlich günstiger herzustellen. Auch eine Aushöhlung mit kleinerem Loch ist möglich.

Religion, Gesellschaft und Ethik

1: Interkulturelle Erziehung

→ *Bd. 2, S. 339 ff.*

Während Ihres Praktikums beobachten Sie, wie vier Kinder mit russischer Muttersprache in der Bauecke spielen und sich dabei auf Russisch verständigen. Eine Erzieherin bekommt dies mit, geht zu den Kindern und bittet sie, doch Deutsch zu sprechen und nicht in ihrer Muttersprache. Die Leiterin der Einrichtung beobachtet die Szene und erinnert die Kollegin daran, dass sie im Team aber vereinbart hätten, dass die Kinder im Freispiel jederzeit in ihrer Muttersprache sprechen dürfen. Die Erzieherin meint daraufhin: „Dann verstehe ich aber überhaupt nichts. Da können die ja auch über uns lästern!“ „Ja, das müssen wir aushalten können!“, meint die Leiterin. „Es ist aber wichtig, dass die Kinder sich bei uns so angenommen fühlen, wie sie sind, und dazu gehört auch die Muttersprache!“

Diese Auseinandersetzung löst bei Ihnen ein intensives Nachdenken zum Thema „Interkulturelle Erziehung“ aus. Ihnen kommen viele Fragen:

- → Wie soll in Tageseinrichtungen mit den unterschiedlichen Muttersprachen der Kinder umgegangen werden?
- → Gibt es Grundsätze für das interkulturelle Lernen, die Erzieherinnen beachten sollten?
- → Welche Kompetenzen benötigen Erzieherinnen, um angemessen auf die multikulturelle Situation in Tageseinrichtungen zu reagieren?
- → Wie lässt sich die multikulturelle Wirklichkeit in Tageseinrichtungen gut sichtbar machen?

Sie beginnen, auch über Ihre eigenen interkulturellen Erfahrungen nachzudenken und erkennen, dass es sinnvoll ist für angehende Erzieherinnen, diese genauer zu reflektieren.

↘ KOMPETENZEN

- → *Die Absolventinnen und Absolventen verfügen über vertieftes fachtheoretisches Wissen über den Einfluss von kulturellen und religiös bedingten, lebensweltlichen, sozialen und institutionellen Normen und Regeln auf Verhalten und Erleben von Kindern, Jugendlichen und jungen Erwachsenen.*
- → *Die Absolventinnen und Absolventen verfügen über Fertigkeiten, kulturelle, religiöse, lebensweltliche, soziale und institutionelle Normen und Regeln als Einflussfaktoren auf das Verhalten und Erleben von Kindern, Jugendlichen und jungen Erwachsenen zu erfassen und zu analysieren.*

1 Die Bedeutung der Kultur

Wie wird Kultur definiert?

„Kultur (lateinisch *cultura* „Bearbeitung, Pflege, Ackerbau", von *colere* „pflegen, verehren, den Acker bestellen") ist im weitesten Sinne alles, was der Mensch selbst gestaltend hervorbringt, im Unterschied zu der von ihm nicht geschaffenen und nicht veränderten Natur. Kulturleistungen sind alle formenden Umgestaltungen eines gegebenen Materials, wie in der Technik oder der bildenden Kunst, aber auch geistige Gebilde wie etwa Recht, Moral, Religion, Wirtschaft und Wissenschaft." (www.wikipedia.org/wiki/Kultur [26.10.2016])

„Kultur prägt alle Bereiche des sozialen Lebens. […] Indem sich Menschen die Natur aneignen und nach ihren Vorstellungen und Bedürfnissen einrichten, erschaffen sie ihre Kultur. Die wiederum prägt den Menschen und macht ihn somit zu einem Kulturwesen." *(Sielert u. a., 2009, S. 233)*

„Kulturelle Schöpfungen leben davon, dass sie sich und damit auch ihre jeweiligen Bedeutungen verändern. Kultur muss als Prozess, als ständige Weiterentwicklung verstanden werden. Deutlich wird das z. B. durch die Gesetze und Regelungen, die sich eine Gesellschaft gibt. Diese müssen ständig erneuert, verändert, an neue Lebensbedingungen angepasst werden, verändern auch unser Leben selbst. […]

Die Kultur ändert sich – oder wird verändert – auch durch den Einfluss anderer Kulturen […]." *(Böhm/Böhm/Deiss-Niethammer, 2004³, S. 31)* Dies lässt sich besonders gut an unseren Essgewohnheiten verdeutlichen. Längst ist die deutsche Küche durch Pizza, Spaghetti und Döner geprägt.

Hinzu kommt die Erkenntnis, dass eine Kultur nicht etwas Homogenes ist. So wird es den meisten Menschen in Deutschland schwerfallen, übereinstimmend festzulegen, was die deutsche Kultur ausmacht und kennzeichnet. Je nachdem, wen wir fragen, wird hier die Antwort sehr unterschiedlich ausfallen. Die Studentin in Berlin wird vermutlich andere Aspekte in den Mittelpunkt stellen als die Bäuerin in Oberammergau oder der Arbeiter in Rüsselsheim. Und für die Ärztin aus Duisburg, deren Großeltern aus Izmir in der Türkei vor 50 Jahren nach Deutschland eingewandert sind, sind möglicherweise zum Teil andere Normen und Werte wichtig als für den strenggläubigen Arbeiter, der vor vier Jahren aus Ostanatolien nach Stuttgart kam und nun in einem großen Autowerk im Schichtdienst arbeitet.

Es wird also deutlich,

→ dass Kultur das ganze Leben des Menschen umfasst und den gesamten Alltag betrifft;

→ dass Kultur sich ständig weiterentwickelt – sich in einem Prozess befindet;

→ dass Kultur durch andere Kulturen beeinflusst wird bzw. diese beeinflusst;

→ dass Kultur kein homogenes Gebilde ist, sondern sich durch eine innere Heterogenität auszeichnet.

Das unten abgedruckte Bild macht deutlich, dass uns ein Teil der Kultur bewusst, aber ein anderer Teil uns nicht direkt bewusst und zugänglich ist.

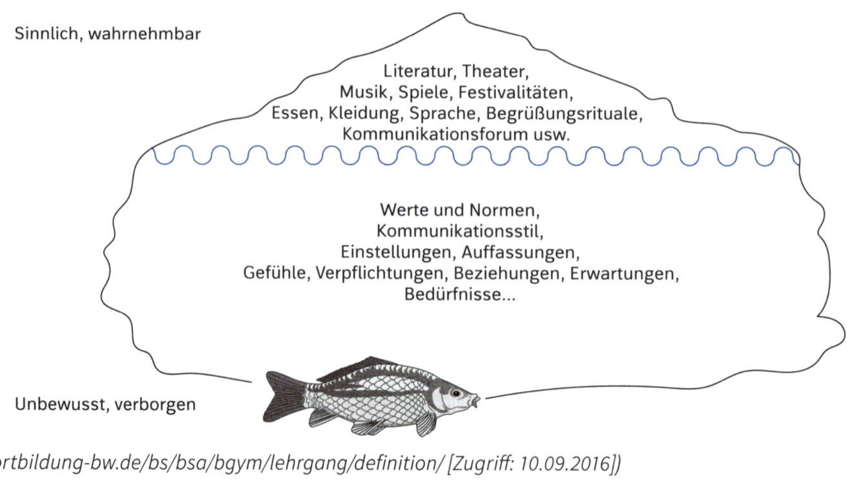

(www.lehrerfortbildung-bw.de/bs/bsa/bgym/lehrgang/definition/ [Zugriff: 10.09.2016])

Querschnitts-aufgabe: Wertevermittlung

Wissen + Verstehen

a) Wählen Sie aus den sinnlich wahrnehmbaren und den unbewusst verborgenen Aspekten von Kultur jeweils drei aus. Konkretisieren Sie diese anhand verschiedener Beispiele, die aus Ihrer Sicht deutlich machen, was diesbezüglich typisch Deutsch ist (z. B. Festivitäten – Tag der deutschen Einheit).

Folgende **sinnlich wahrnehmbare** Aspekte von Kultur habe ich ausgewählt:

→

Ein typisch deutsches Beispiel ist meiner Ansicht nach hierzu:

→ ____________________

____

Ein typisch deutsches Beispiel ist meiner Ansicht nach hierzu:

→ ____________________

____

Ein typisch deutsches Beispiel ist meiner Ansicht nach hierzu:

→ ____________________

____

Folgende **unbewusst verborgene** Aspekte von Kultur habe ich ausgewählt:

→ ____________________

____

Ein typisch deutsches Beispiel ist meiner Ansicht nach hierzu:

→ ____________________

____

Ein typisch deutsches Beispiel ist meiner Ansicht nach hierzu:

→ ____________________

____

Ein typisch deutsches Beispiel ist meiner Ansicht nach hierzu:

____

____

b) Tauschen Sie sich darüber mit mindestens drei Mitstudierenden aus. Diskutieren Sie, wie es zu so unterschiedlichen oder ähnlichen Einschätzungen kommt.

c) Finden Sie mindestens zwei Beispiele, die verdeutlichen, wie sich die deutsche Kultur unter dem Einfluss anderer Kulturen in den letzten 100 Jahren verändert hat.

Beispiel 1:	
Beispiel 2:	

d) Beschreiben Sie anhand konkreter Beispiele, wie sich die Kultur in Deutschland weiterentwickelt hat. Wählen Sie hierzu jeweils ein Beispiel aus den folgenden Bereichen aus:

Beispiel aus dem Arbeitsleben:

Beispiel aus der Schule:

Beispiel aus der Literatur:

Beispiel aus der Erziehung:

Beispiel aus dem Bereich der Familie:

Beispiel aus dem Bereich der Medien:

e) Zeigen Sie auf, wie Kindern von Anfang an Kultur begegnet, und beschreiben Sie dies anhand konkreter Beispiele, die auf die unterschiedlichen Lebensphasen bezogen sind.

Säugling:

Kleinstkind:

Kindergartenkind:

Schulkind:

Jugendliche:

Reflexion

2 Auseinandersetzung mit eigenen interkulturellen Erfahrungen

Reflektieren Sie Ihre eigenen interkulturellen Erfahrungen. Gehen Sie besonders den folgenden Fragen zunächst alleine nach, und suchen Sie anschließend eine Mitstudierende, mit der Sie sich darüber austauschen.

a) Als ich das erste Mal nicht in meiner Muttersprache, sondern in einer Fremdsprache sprechen musste (nicht gemeint ist hier der Fremdsprachenunterricht in der Schule), ging es mir so:

b) Das verbinde ich mit meiner Muttersprache:

____

____

____

____

____

c) Für mich bedeutet Heimat:

____

____

____

____

____

d) Für mich bedeutet typisch Deutsch …

____

____

____

____

e) Wenn ich an andere Kulturen denke, finde ich besonders Folgendes faszinierend:

____

____

____

____

____

f) Wenn ich an andere Kulturen denke, befremdet mich besonders Folgendes:

____

____

____

____

3 Identitätsentwicklung in der multikulturellen Gesellschaft

Die dritte Identität

Von Ariana Zustra, Istanbul

In dem Jugendstilbau mitten im Stadtteil Sishane (in Istanbul) blinken die Kronleuchter, schimmert der Marmorboden, glänzt das Treppengeländer wie in einem Wiener Kaffeehaus. „Wir können doch Du sagen", plaudert Deniz Ova bei der Begrüßung locker drauflos und lädt zu einer spontanen Führung durch die Räume der Istanbul Kültür Sanat Vakfi ein. Die Kulturstiftung für Kunst, Musik, Tanz und Theater ist Ovas Arbeitsplatz, seit sie vor sechs Jahren nach Istanbul gezogen ist. […]

Deniz Ova, 34, geboren und aufgewachsen in Esslingen, studierte in Stuttgart Politik und Linguistik. Nach dem Abitur arbeitete Ova als Reiseleiterin in der Ägäis, machte ein Praktikum in Istanbul bei einem Filmstudio. Während einer Hospitanz bei einem deutsch-türkischen Kulturfestival in Stuttgart wurde sie vom Fleck weg von der Istanbul Kültür Sanat Vakfi engagiert. Sie zögerte nicht, Deutschland zu verlassen. Istanbuls Kunst- und Kulturszene boomt, und gut ausgebildete Akademiker wie Ova sind die neue Generation der Gastarbeiter. „Ich wuchs mit der Sehnsucht der Eltern auf. Irgendwann denkt man auch: Ach, es wär so schön in der Türkei!" Sie wollte ausprobieren, ob sie sich in Istanbul eine Existenz aufbauen kann. Bei der Bezeichnung „Rückwanderer" runzelt sie die Stirn. Sie sei Deutsche, und deswegen sei sie Auswanderin.

[...] Ihre Eltern waren modern, unreligiös, kosmopolitisch – „nicht normal", sagt sie. Sie besuchte die Waldorfschule in der Esslinger Pliensau-Vorstadt, kam in der Welt herum, fand sich überall zurecht. Von der Integrationsdebatte [...] fühlt sich eine wie sie nicht angesprochen: „Das fand ich – auf gut Deutsch – immer ätzend. Das hat mich auch nie interessiert. Weil ich einfach nur das, was ich gemacht habe, gut machen wollte." Ausländerfeindliche Bemerkungen nahm sie nie persönlich: „Wer sich integriert hat, hat sich integriert, und wer nicht, wird sich jetzt auch nicht mehr integrieren!"

Doch selbst sie, die perfekt Integrierte, spürte erst in Istanbul, was es bedeutet, wirklich wahrgenommen zu sein. „Auch wenn ich von Geburt an in Deutschland gelebt habe, fühlte ich mich manchmal, als würde ich dort nicht hingehören", erzählt sie. „Allein die Tatsache, dass man überhaupt als nicht deutsch wahrgenommen wird, ist befremdlich."

Merkwürdig findet Deniz Ova auch in Istanbul manches. Zum Beispiel, wie langwierig es sein kann, einen Stromanschluss anzumelden. „In Deutschland tätigt man einen Anruf, dann kommt jemand vorbei und fertig. Hier muss man ständig zum Schalter gehen, in der Schlange stehen, eine Nummer ziehen." Oder, dass Mitmenschen ihren Müll achtlos auf die Straße werfen. „Das ist der Schwabe in mir!" Oder wie schnell Freundlichkeit in Aggressivität umschlagen kann. „Ich muss nicht laut sein, um mich durchzusetzen."

Mancher würde in solchen Momenten beide Länder gegeneinander abwägen. Deniz Ova versucht, das Beste daraus zu ziehen. „Hier ist alles anders, und das ist okay. Wer ständig den Vergleich mit Deutschland zieht, erlebt einen Schock nach dem anderen."

Ob sie sich deutsch oder türkisch fühlt, hängt von der Situation ab. Ihre „typisch deutsche Disziplin" ist in der Istanbuler Arbeitswelt ein Vorteil: Schon Ende 2012 stieg sie zur Direktorin der Design Bienale auf, einem Event für alle gestalterischen Disziplinen von Architektur bis Modedesign. An die „typisch türkische Flexibilität und Spontaneität" hat sie sich mittlerweile angepasst. „Hier wird auch in letzter Minute viel umentschieden", sagt sie. Nur manchmal vermisst sie Kleinigkeiten aus Deutschland: ins Pilates zu gehen, sich mit einem Buch in einen Park zurückzuziehen. Und Maultaschen, Bratwürste, würziges Bier.

Auch ihr Freund ist ein schwäbisch-türkischer Auswanderer. Abends guckt das Paar deutsches Fernsehen in der gemeinsamen Jugendstilwohnung. Ein-, zweimal im Jahr besucht Deniz Ova Freunde in Stuttgart. „Das ist wie nach Hause kommen", erzählt sie. „Und wenn ich nach Istanbul zurückkomme, überfällt mich dasselbe Gefühl der Vertrautheit." [...]

(Zustra, 2013, S. 28)

Wissen + Verstehen

a) Beschreiben Sie, welche Identitäten bei Deniz Ova sichtbar werden. Begründen Sie Ihre Überlegungen mit konkreten Textstellen.

b) Was erfahren Sie in diesem Artikel über die deutsche und die türkische Kultur?

c) Arbeiten Sie den folgenden Text genau durch, und erstellen Sie ein Thesenpapier zu den im Text vorgestellten Identitätskonzepten.

Die Frage nach der Identität stellt sich gerade beim interkulturellen Lernen. In den siebziger Jahren des 20. Jahrhunderts dominierte die Kulturkonflikttheorie die Diskussion um die Identität von Kindern mit Migrationshintergrund. Grob vereinfacht geht diese Theorie davon aus, dass diese Kinder unter einer zerrissenen Identität leiden, da sie in zwei verschiedenen kulturellen Systemen aufwachsen und dies zwangsläufig zu Konflikten zwischen den unterschiedlichen Werten und Normen, die in diesen beiden Systemen gelten, führen muss.

Dagegen wendet sich der indische Soziologe und Wirtschaftswissenschaftler Amartya Sen. Menschen nur über ihre Kultur zu definieren, bezeichnet er als „reduktionistische Sicht“ *(Sen, 2007, S. 54)*. Diese Sichtweise übersieht, dass die Kulturen keine homogenen Gebilde sind, sondern heterogen. Nach Ansicht Sens reduziert der Interkulturalismus die Menschen ebenfalls auf einen Aspekt ihrer Identität – auf die Kultur! Damit wird ignoriert, dass sich die Identität eines Menschen immer aus vielfältigen Teilidentitäten zusammensetzt. Sen verweist darauf, dass „Geschichte und Herkunft nicht der einzige Aspekt“ sind „unter dem wir uns und die Gruppen, denen wir angehören, betrachten“ *(Sen, 2007, S. 33)*.

→ *Bd. 1, S. 148 ff.*

Tatsache ist, dass wir alle unterschiedlichsten Gruppen und Gruppierungen angehören und diese Gruppenzugehörigkeiten sich auf unsere Identität auswirken. Dabei können die Anforderungen, die in diesen einzelnen Gruppierungen an uns gestellt werden, sehr unterschiedlich und vielschichtig sein. Daraus leitet Sen ab, „dass Identitäten entschieden plural sind und dass die Wichtigkeit einer Identität nicht die Wichtigkeit anderer zunichtemachen muss“ *(Sen, 2007, S. 34)*. Dies stellt an uns die Anforderung, dass wir immer wieder neu entscheiden müssen, welche Bedeutung gerade die Anforderungen in der einen oder anderen Gruppe für uns und unsere Identität haben.

Der Soziologe Lothar Krappmann spricht in diesem Zusammenhang von der „balancierenden Identität“. Er „geht davon aus, dass das Individuum seine Identität ständig neu herstellen muss, indem es mit anderen in Kontakt tritt. Zu diesem Zweck zeigt man sich in seiner Meinung, seinen Erwartungen, Ansprüchen und Hoffnungen. Der oder die andere reagiert darauf und stellt sich selbst damit dar. Auf diese Weise erkennt man sich gegenseitig an und erhält dadurch Identität.“ *(Böhm/Böhm/Deiss-Niethammer, 2004, S. 75 f.)*

Krappmann unterscheidet in persönliche und soziale Identität. Die soziale Identität verlangt von uns, dass wir uns in den Gruppen, in denen wir uns bewegen, anpassen und unterordnen. „Für die persönliche Identität wird hingegen erwartet, sich wegen der unverwechselbaren inneren Realität von allen anderen Menschen zu unterscheiden. […] Zwischen diesen beiden Anforderungen zu balancieren ist die Leistung des Individuums […]“ *(Hurrelmann, 2006[9], S. 99 f.)*

Gerade für Kinder und ihre Familien bietet sich der Begriff der balancierenden Identität an. Sie balancieren die unterschiedlichen Normen und Regeln, denen sie in den verschiedenen Gruppen ausgesetzt sind, aus.

d) Überprüfen Sie, zu welchen gesellschaftlichen Gruppierungen und Gruppen Sie sich zugehörig fühlen. Führen Sie diese einzeln auf und beschreiben Sie, welche Normen und Werte in diesen einzelnen Gruppierungen gelten. Untersuchen Sie, wo es Widersprüche und Gemeinsamkeiten gibt. Beschreiben Sie, wie Sie mit den Widersprüchen umgehen.

Analyse + Bewertung

Analyse + Bewertung

e) Suchen Sie anschließend drei Mitstudierende, mit denen Sie sich darüber austauschen. Klären Sie miteinander, was Sie aus diesen Aufgaben für Ihre interkulturelle Arbeit ableiten können.

Zu folgenden Gruppierungen und Gruppen fühle ich mich zugehörig:

1.	Werte/Normen:
2.	Werte/Normen:
3.	Werte/Normen:
4.	Werte/Normen:

Folgende Widersprüche ergeben sich daraus:

Mit diesen Widersprüchen gehe ich folgendermaßen um:

Ableitungen für die eigene interkulturelle Arbeit in der Tageseinrichtung:

4 Interkulturelle Arbeitsprinzipien

Querschnittsaufgabe: Wertevermittlung

„Jedes Kind hat das Recht und das Bedürfnis, als individuelle, eigene Persönlichkeit gesehen und behandelt zu werden. Dies ist Grundsatz jeder Pädagogik. Für die interkulturelle Pädagogik lassen sich daraus drei Prinzipien ableiten:

Prinzip der Akzeptanz und Wertschätzung
Dies meint eine akzeptierende und wertschätzende Grundhaltung der Erzieherin, mit der sie jedem Kind entgegenkommt, unabhängig davon, welche Nationalität es besitzt, welche Sprache es spricht oder welcher Religion es angehört. Dies setzt eine kritische Haltung der Erzieherin sich selbst gegenüber voraus, damit sie eigene Vorbehalte, die sie in ihrem Verhalten zu Kindern beeinflussen könnten, aufspüren kann.

Prinzip der Repräsentanz
Damit ist gemeint, dass sich jedes Kind mit seinen unterschiedlichen und besonderen (kulturellen) Erfahrungen in der Tageseinrichtung wiederfinden kann. […]

Prinzip des Biografiebezugs
Dieses Prinzip bedeutet, dass die Erzieherin die individuelle Lebensgeschichte jedes einzelnen Kindes im Blick hat. Dahinter steht die Erfahrung, dass Kinder vielfach nur als Vertreter ihrer Herkunftskultur gesehen und Probleme und Schwierigkeiten kulturell gedeutet werden, während sie vielmehr Ergebnis von persönlichen Erfahrungen und Eigenheiten des jeweiligen Kindes sind.“ *(Böhm/Böhm/Deiss-Niethammer, 2004[3], S. 52 f.)*

a) Erarbeiten Sie konkrete Beispiele, wie die drei Prinzipien interkulturellen Lernens in einer Tageseinrichtung sichtbar werden.

Planung + Konzeption

Das Prinzip der Akzeptanz und Wertschätzung kann in einer Tageseinrichtung durch folgende Punkte sichtbar gemacht werden:

Das Prinzip der Repräsentanz ist durch folgende Punkte erkennbar:

Das Prinzip des Biografiebezugs wird in einer Tageseinrichtung durch folgende Punkte umgesetzt:

b) Überprüfen Sie Ihre Praxiseinrichtung in Bezug auf die Umsetzung der interkulturellen Arbeitsprinzipien. Was stellen Sie fest?

Analyse + Bewertung

c) Tauschen Sie sich mit Ihrer Praxisanleitung oder einer anderen Fachkraft in Ihrer Praxiseinrichtung über diese Prinzipien aus.

Reflexion

Fazit:

Erziehungs- und Bildungspartnerschaften mit Eltern und Bezugspersonen gestalten sowie Übergänge unterstützen

Erziehungs- und Bildungspartnerschaften in verschiedenen Tätigkeitsfeldern

→ *Bd. 2, S. 426–432*

1: Gegenseitige Erwartungen von Eltern und Erziehern

Sie unterhalten sich mit Ihrer Mitschülerin Nilgün über mögliche Praxisstellen im Berufspraktikum und die Arbeitsfelder danach: im Elementarbereich, im Heim oder in der Offenen Ganztagsbetreuung (OGS). Unter anderem machen Sie sich dabei Gedanken über die Eltern, mit denen Sie Kontakt haben würden.

Nilgün hat die Möglichkeit, im Elementarbereich in einer Elterninitiative zu beginnen, doch ist sie sich nicht sicher, ob ihr das gefallen würde. Die Eltern bilden den Vorstand und haben viel mehr Mitspracherechte als bei anderen Trägern. Außerdem arbeiten die Eltern im Tagesablauf mit – Nilgün befürchtet, dadurch sehr nervös zu sein, da sie sich wahrscheinlich beobachtet fühlen würde. Auf der anderen Seite gibt es wie überall Eltern, die gar nicht mithelfen wollen und sich nicht für die Arbeit in der Kita interessieren – Hauptsache, ihr Kind ist versorgt. Das ist natürlich auch ärgerlich. Im letzten Praktikum waren die Eltern aber sehr nett und haben beim Projekt geholfen, Material mitgebracht und bei einer Modenschau zugeschaut.

Nilgün meint, dass sie dagegen in einem Heim im Alltag nicht viel mit Eltern zu tun hätte, zumindest würde sie sie nicht ständig treffen. Das Verhältnis stellt sie sich schwierig vor. So oft sind die Eltern schuld, wenn das Kind ins Heim kommt und Symptomträger für die vielen Probleme zu Hause ist. Es soll ja Eltern geben, die sich gar nicht mehr für ihr Kind interessierten und sich nicht an Absprachen hielten oder Jugendliche, die ihre Eltern nicht mehr sehen wollten. Vor allem stellt sich Nilgün die Arbeit schwer vor, wenn sie manche Eltern nicht leiden kann. Es würde dann sehr viel Professionalität verlangen, trotzdem „vernünftig“ zusammenzuarbeiten. Nilgün ist sich klar darüber, dass von Beginn an die Eltern in die Arbeit einbezogen werden müssen, z. B. bei der Erstellung des Hilfeplans und Klärung der Ziele. Sie fragt sich aber, ob sie diesen Belastungen gewachsen wäre. Und wenn man sie dann noch kritisieren würde, hm … Aber sicherlich wächst man da auch hinein und kann passende Fortbildungen besuchen.

In ihrer momentanen Praxisstelle, einer OGS, kommen die Kinder nach der Schule alleine, und nur die Jüngeren werden noch abgeholt. Viele Kontakte erfolgen schriftlich. Aber neue Eltern sind zu Beginn des Schuljahres auch unsicher und suchen das Gespräch – oft wegen Auseinandersetzungen der Kinder untereinander: Eine Mutter beschwerte sich einmal, dass ihr Sohn von zehn Mädchen verprügelt worden sei, und wollte wissen, ob das denn niemand mitbekommen habe. Schulische Fragen und Fragen zu den Hausaufgaben gibt es auch oft: So fordern Eltern immer wieder, dass die OGS für sämtliche Hausaufgaben zuständig sei und nicht noch welche für zu Hause übrig sein dürften oder dass die OGS verstärkt AGs anbieten sollte, die den Schulunterricht ergänzen. Die organisatorischen Aufgaben (Wer geht heute mit wem und wann wohin? Gibt es dafür das Einverständnis eines Erziehungsberechtigten? Haben alle Eltern für den Ausflug bezahlt?) empfindet Nilgün inzwischen als Routine.

Sie wissen, dass die Arbeit ohne Eltern nicht machbar ist und dass es für die Kinder wichtig ist, dass Erzieher und Eltern an einem Strang ziehen. Aber Nilgün hofft, dann eine kompetente und am liebsten etwas ältere Kollegin an ihrer Seite zu haben, die sie unterstützen kann.

Eltern sind Partner und Kunden.

↘ KOMPETENZEN

→ *Die Absolventinnen und Absolventen verfügen über Fertigkeiten, Heterogenität familiärer Lebenssituationen zu verstehen, zu analysieren und in Beziehung zu den Erwartungen und Bedürfnissen von Familien mit verschiedenen soziokulturellen Hintergründen zu setzen.*

→ *Die Absolventinnen verstehen Gemeinsamkeiten und Unterschiede, analysieren sie und setzen sie in Beziehung zu den Erwartungen und Bedürfnissen von Familien.*

1 Welche Befürchtungen und welche Wünsche kommen in der Einstiegssituation bei den Gedanken an die Zusammenarbeit mit Eltern zum Ausdruck?

Analyse + Bewertung

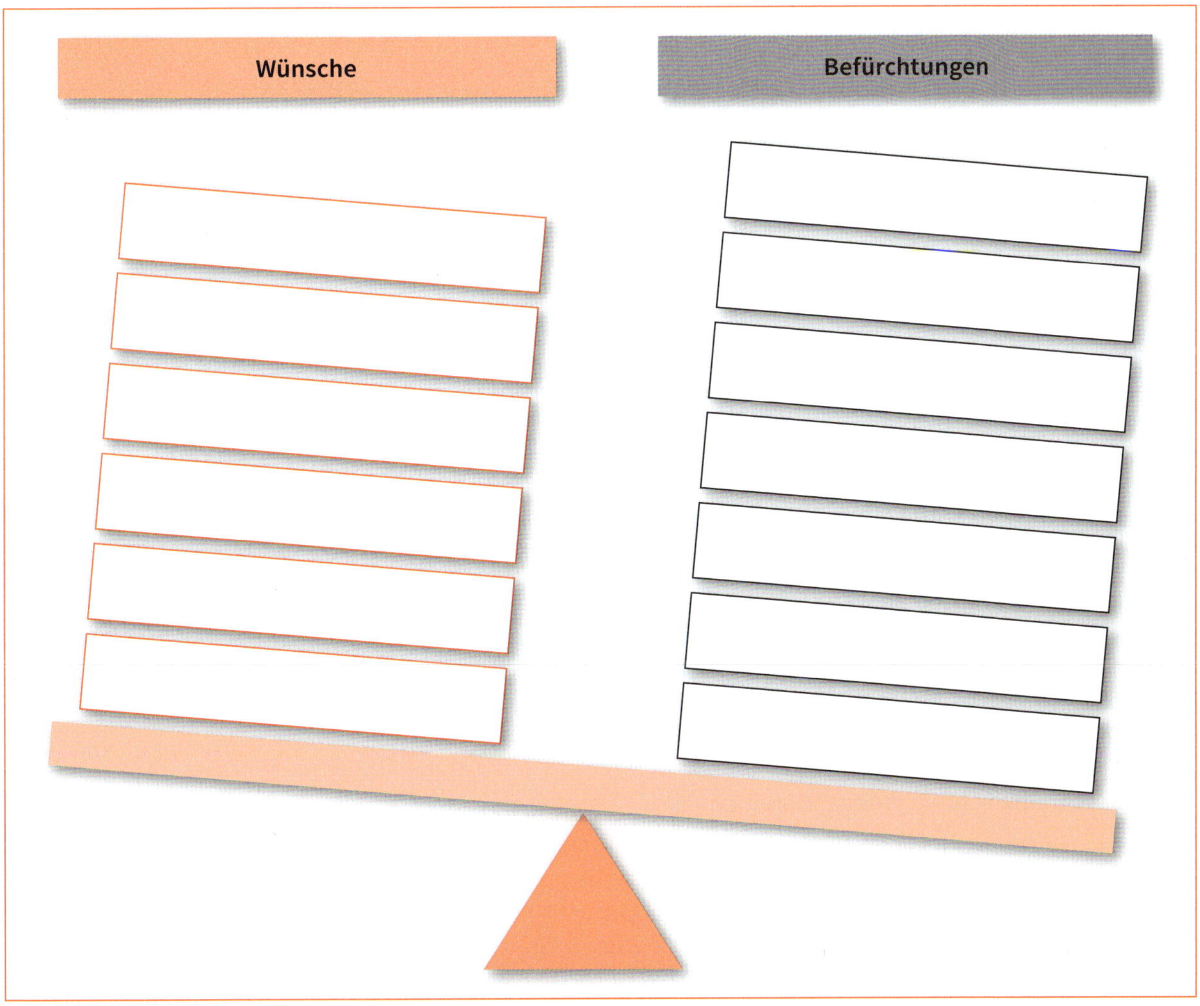

2 Denken Sie an Ihre eigenen Erfahrungen: Finden Sie eigene Wünsche und Befürchtungen auf der Waage wieder?

Analyse + Bewertung

a) Markieren Sie Überschneidungen oben farbig. Formulieren Sie Unterschiede und Ergänzungen hier unten.

b) Karussell-Methode: Setzen Sie sich paarweise in einer Kreisform gegenüber, sodass sich ein Innen- und ein Außenkreis ergeben.

Diejenigen im Innenkreis beginnen, der Partnerin ihre Ergebnisse und eigenen Erfahrungen vorzustellen. Sie haben fünf Minuten Zeit.

Die Zuhörer im Außenkreis passen auf, machen sich bei Bedarf Notizen. Nach den fünf Minuten können sie kurz ihre Eindrücke rückmelden.

Dann gehen die Studierenden im Außenkreis zwei Plätze weiter nach rechts. Für den Austausch mit der neuen Partnerin stehen wieder fünf Minuten zur Verfügung. Diesmal beginnen die Studierenden im Außenkreis, diejenigen im Innenkreis hören zu und machen sich Notizen.

In einer weiteren Runde beginnt wieder der Innenkreis.

c) Überlegen Sie gemeinsam aufgrund des Gehörten, wie Sie die Ergebnisse darstellen.

d) Diskutieren Sie abschließend Chancen und Gefahren, die in den Wünschen und Befürchtungen enthalten sein können. Halten Sie diese schriftlich fest.

____

____

____

____

____

3 Professionalität verlangt – unabhängig von den eigenen Einstellungen –, andere Sichtweisen einzunehmen und andere Menschen zu verstehen. Dazu soll die folgende Aufgabe mit Bezug auf die Eingangssituation dienen.

Methodenhinweis: Zählen Sie im Plenum bis sechs durch. Jede Zahl ist für eine Personengruppe zuständig:

1 Eltern der Elterninitiative
2 Eltern aus dem Heim
3 Eltern der Offenen Ganztagsbetreuung
4 Erzieherin in der Elterninitiative
5 Erzieherin im Heim
6 Erzieherin in der Offenen Ganztagsbetreuung

Beschreibung für Personengruppe 1:

Sie sind Eltern von Kindern in einer Elterninitiative. Sie zahlen einen höheren Beitrag, als dies in einer Einrichtung eines anderen Trägers erforderlich wäre. Einige von Ihnen arbeiten ehrenamtlich als Vorstandsmitglieder und nehmen an monatlichen Sitzungen teil. Einige sind bereit, einmal in der Woche in der Gruppe mitzuhelfen, manche helfen, wenn die Köchin ausfällt. Einige arbeiten viel und sind froh über die langen Öffnungszeiten der Kita. Manche sprechen nur wenig Deutsch und wenden sich nur an die türkischsprachige Erzieherin, wenn sie etwas auf dem Herzen haben.

Beschreibung für Personengruppe 2:

Sie sind Eltern von Kindern und Jugendlichen einer Außenwohngruppe. Das Kind eines Ehepaars lebt erst seit kurzer Zeit dort und sein Trennungsschmerz und seine Trauer sind noch akut. Ein Elternteil wohnt weit entfernt, telefoniert aber öfter mit dem Kind. Mehrere von Ihnen sind arbeitslos und haben Alkoholprobleme. Manche haben keinen Kontakt mehr zu ihren jugendlichen Kindern. Einige Eltern sind selbst noch sehr jung und waren mit ihren Kindern völlig überfordert.

Beschreibung für Personengruppe 3:

Sie sind Eltern von Kindern aus der OGS. Sie sind alle berufstätig, denn das war ein Kriterium für einen Platz in der OGS. Oft rufen Sie an, wenn sich z. B. Arbeitszeiten verschieben oder um wegen organisatorischer Dinge Bescheid zu sagen. Manche Eltern engagieren sich im Elternrat der Einrichtung, einige helfen öfter bei den Vorbereitungen für ein Fest. Einige von Ihnen sind nur noch sehr selten in der Einrichtung, da Ihre Kinder inzwischen selbstständig unterwegs sind.

Beschreibung für Personengruppe 4–6:

Sie sind Nilgün (Personengruppe 4) und haben sich für die Arbeit in der Kindertagesstätte entschieden, Sie (5) arbeiten im Heimbereich, Sie (6) arbeiten als Erzieherin in der OGS.

a) Bearbeiten Sie zunächst jede für sich:

Wissen + Verstehen

Aufgabe für Personengruppen 1 bis 3:
Versuchen Sie, sich in mögliche Eltern dieser Einrichtungsart hineinzuversetzen und sich ein Bild von ihnen zu machen. Beziehen Sie eventuelle eigene Erfahrungen mit ein. Halten Sie Ihre Ideen in einer Mindmap fest:

→ Wie sind die Lebensumstände der Personen?
→ Welche Wünsche und Befürchtungen haben sie in Bezug auf ihre Kinder?
→ Welche Einstellungen haben sie in Bezug auf Kindererziehung?
→ Was ist ihnen in Bezug auf die Betreuung ihrer Kinder wichtig?
→ Welche Erwartungen haben sie an die Erzieherin?

Aufgabe für Personengruppen 4 bis 6:
Versuchen Sie, sich in Nilgün hineinzuversetzen und sich ein Bild von ihr zu machen. Eigene Ansichten können mit einfließen. Halten Sie Ihre Ideen in einer Mindmap fest:

→ Welche Einstellungen hat Nilgün den Eltern gegenüber?
→ Was ist ihr in Bezug auf eine Erziehungs- und Bildungspartnerschaft mit den Eltern wichtig?
→ Welche Erwartungen hat sie an die Eltern?

b) Finden Sie sich in sechs Gruppen mit jeweils der gleichen Gruppennummer zusammen.

Analyse + Bewertung

Aufgabe für alle Gruppen:
Erstellen Sie in Ihrer Gruppe eine Übersicht der individuellen Ergebnisse.
Diskutieren Sie Gemeinsamkeiten und Unterschiede.

c) Nutzen Sie Ihre Ergebnisse als Grundlage für folgende Aufgabe:

Analyse + Bewertung

Aufgabe für Gruppe 1 bis 3:

Schreiben Sie Nilgün einen Brief, in dem Sie ihr als Eltern der zugeordneten Einrichtungsart Ihre Ansichten erklären und formulieren, wie Sie sich die Zusammenarbeit wünschen. Erläutern Sie Nilgün auch, was Sie dort von einer Erzieherin erwarten.

Aufgabe für Gruppe 4 bis 6:

Schreiben Sie (4) den Eltern der Elterninitiative, (5) den Eltern der Heimkinder, (6) den Eltern der in der OGS betreuten Kinder einen Brief, in dem Sie ihnen erklären, wie Sie über die Erziehungs- und Bildungspartnerschaft denken und wie Sie sich die Zusammenarbeit wünschen. Erläutern Sie den Eltern auch, was Sie von ihnen erwarten.

Analyse + Bewertung

d) Tauschen Sie die Briefe aus: Gruppe 1 mit 4, Gruppe 2 mit 5, Gruppe 3 mit 6.

Lesen Sie gemeinsam den erhaltenen Brief. Äußern Sie mithilfe von Redekärtchen Ihre Meinungen.

> Methodenhinweis:
>
> **Redekärtchen erstellen Sie leicht, indem jede Studierende ein DIN-A6-Blatt Papier (am besten in unterschiedlichen Farben) in vier Teile teilt. Wenn die Studierende ihre Meinung äußern möchte, legt sie eine Karte aus. Wenn jemand alle Kärtchen verbraucht hat, dann muss diejenige erst abwarten, bis die anderen Teammitglieder ihre Karten ebenfalls durch Beiträge verbraucht haben. Erst dann kann eine zweite Runde eingeläutet werden.**

e) Antworten Sie schriftlich auf den Brief. Tauschen Sie dann Ihre Briefe erneut aus.

Reflexion

f) Reflektieren Sie im Plenum Ihre Erfahrungen:

→ Fiel es Ihnen leicht, sich in die Personen hineinzuversetzen?

→ Waren die individuellen Vorstellungen über die Personen sehr unterschiedlich, als Sie in den Gruppen zusammen kamen?

→ Welche Erfahrungen haben Sie als Gruppe beim Erstellen der Briefe gemacht?

→ Welche inhaltlichen Schlussfolgerungen ziehen Sie aus den Briefwechseln?

→ Halten Sie fünf Erkenntnisse für sich persönlich fest:

1. ______________________________

2. ______________________________

3. ______________________________

4. ______________________________

5. ______________________________

Reflexion

Planung + Konzeption

4 Wie stellen Sie sich Ihre eigene Kommunikation mit Eltern vor?

a) Listen Sie Ihre Gedanken in der Karteikarte auf:

Was erwarte ich von den Eltern?

____

____

____

____

____

Was muss gegeben sein, damit ich mich im Umgang mit Eltern sicher fühle?

____

____

____

____

____

Wie möchte ich die Kommunikation mit Eltern gestalten?

Welche Fähigkeiten benötige ich im Umgang mit Eltern?

b) Setzen Sie sich zu zweit zusammen und interviewen Sie sich gegenseitig. Erst befragt die eine Person ihre Partnerin gezielt über die Ergebnisse. Danach wechseln die Rollen.

Wenn sich dadurch neue Gedanken ergeben, können diese in der Karteikarte ergänzt werden. Oder Aspekte werden noch einmal überdacht und verändert.

c) Diskutieren Sie die Ergebnisse im Plenum.

d) Nutzen Sie die Ergebnisse für Ihr weiteres Praktikum. Besprechen Sie mit Ihrer Praxisanleitung, inwieweit Sie sich in die Elternarbeit einbringen und weitere erforderliche Fähigkeiten erwerben können.

Planung + Konzeption

→ Bd. 2, S. 435 f.

2: Schriftliche Kommunikation mit Eltern

In Ihrer Einrichtung hat die Praktikantin Olga während einer Teamsitzung die Aufgabe erhalten, eine Einladung an die Eltern zu einem Elternabend zu erstellen. Bei der nächsten Teamsitzung legt sie ihren Entwurf vor. Die Erzieherinnen schütteln nur den Kopf.

SO NICHT:

Köln 02.02.17

Hallo!

Das Außengelände mus umgestaltet werden.

Wir würden uns freuen wenn sich am 05.05. möglichst viele kommen und mithelfen.

Eine Woche vorher findet ein Elternabend statt, um den Ablauf zu planen!!!!

Das Kiga-Team Sonnenkinder

Zu Jhrer Jnfo: Das wollen wir nicht mehr:

Der Lebensraum Stadt zeichnet sich mehr und mehr durch den Verlust von Freiflächen aus – Baulücken werden durch neue Häuser geschlossen, Brachland als Parkplatz zubetoniert. Gelände ist oft „privat“ und deshalb nicht zugänglich. Freiflächen in Stadtteilen, die sich Kinder selbstständig erobern und gestalten können, sind äußerst selten geworden. Wo können Kinder außerhalb der Stadt noch unbeobachtet in einem Schuppen oder einer Garage kramen, ein Waldstück entdecken oder in einen Bach fallen, in einer Werkstatt unter eine Motorhaube schauen? Die Zunahme des Autoverkehrs führt außerdem zu einer starken Gefährdung der Kinder, die sich in diesem öffentlichen Raum bewegen oder gar spielen wollen. Dies führt dazu, dass die Stadt den Charakter einer Insellandschaft bekommt: Für jedes Bedürfnis gibt es einen bestimmten, zugewiesenen Platz.

Weil die Stadt aber so eng und gefährlich geworden ist, werden Kindern eigens zum Spielen gestaltete Plätze zur Verfügung gestellt. Schon die ersten Spielplätze zeigten die typischen Merkmale: Umzäunung und Spielgeräte wie Sandkasten, Schaukel, Wippe. Damit geben sie Kindern zu manchen elementaren Bewegungsbedürfnissen Möglichkeit. Dennoch sind die Möglichkeiten traditioneller Spielplätze begrenzt. Spielplätze regen nicht an zu intensiven Gemeinschaftsspielen wie Rollenspielen oder Wettspielen ...

↘ KOMPETENZEN

- → *Die Absolventinnen und Absolventen verfügen über die Fertigkeit, Kommunikationsprozesse und -strukturen mit Eltern und anderen Bezugspersonen zu analysieren und Schlussfolgerungen für die weitere Zusammenarbeit zu ziehen.*
- → *Die Absolventinnen und Absolventen verfügen über Wissen zu Formen und Methoden der Öffentlichkeitsarbeit in sozialen Einrichtungen.*

Analyse + Bewertung

1 Warum sind die Erzieherinnen mit Olgas Einladungsbrief unzufrieden?

a) Beachten Sie fachliche Kriterien für die schriftliche Kommunikation mit Eltern in „Kein Kinderkram“, Bd. 2, Lernfeld 5, Kap.3.2.1.

→ *Bd. 2, S. 435 ff.*

b) Markieren Sie Fehler, unpassende Formulierungen, inhaltliche und formale Mängel. Am Rand des Schreibens können Sie auch Anmerkungen machen.

c) Vergleichen Sie in Vierer-Gruppen Ihre Korrekturen und Anmerkungen und vervollständigen Sie sie.

Planung + Konzeption

2 **a)** Entwickeln Sie in Ihrer Kleingruppe ein **Rollenspiel,** in dem Sie die Teamsitzung darstellen, in der Olga ihren Brief vorlegt. Die Erzieherinnen besprechen mit Olga den Brief und beraten sie.

Reflexion

b) Die Rollenspiele werden vorgestellt und reflektiert:

→ Wie haben die Erzieherinnen Olga beraten?

→ Welche Kriterien sind allen Gruppen wichtig gewesen?

Halten Sie diese Kriterien fest:

Analyse + Bewertung

3 Sammeln Sie Elternbriefe, Einladungen, Infotexte für Eltern etc., und bringen Sie diese zu einem vereinbarten Termin mit in den Unterricht.

a) Bilden Sie Kleingruppen und legen Sie das mitgebrachte Material in die Mitte. Jedes Gruppenmitglied hat zunächst Zeit, sich die Materialien ungestört anzusehen und Stichworte dazu aufzuschreiben:

→ Was fällt mir auf?

→ Welche Kriterien werden berücksichtigt – welche außer Acht gelassen?

→ Was gefällt mir – was eher nicht?

b) Tauschen Sie mithilfe von Redekärtchen Ihre Meinung aus. Einigen Sie sich, welche Materialien gelungen sind, und sortieren Sie diese aus.

Stellen Sie die positiven Merkmale dieser Materialien heraus:

c) Übertragen Sie die Merkmale auf ein Plakat.

d) Üben Sie sich darin, Ihre Materialien mündlich anzupreisen, die Qualität zu betonen und mithilfe des Plakats zu erklären. Achten Sie darauf, dass sich alle Gruppenmitglieder beteiligen.

4 Marktgeschrei

a) Die Gruppen bauen ihre Stände auf, möglichst in einer Kreisform.

Dann werden nacheinander (!) die ausgewählten Materialien angepriesen, lautstark und anschaulich, um die Zuhörer von der besonderen Qualität der eigenen Produkte zu überzeugen.

Reflexion

b) Reflektieren Sie Ihre Erfahrungen und Ergebnisse. In einem Blitzlicht nimmt jede Studierende kurz Stellung.

Planung + Konzeption

5 Erstellen Sie in Einzelarbeit für Olga einen neuen, anschaulichen, inhaltlich und formal korrekten Einladungsbrief. Beachten Sie die bisher erarbeiteten Kriterien und Merkmale.

Analyse + Bewertung

6 Hängen Sie alle Einladungen in der Klasse auf, und nummerieren Sie sie.

a) Schauen Sie sich die Einladungen in Ruhe an. Dabei sollten Sie nicht miteinander sprechen, um sich nicht gegenseitig zu beeinflussen. Stattdessen notieren Sie Ihre Gedanken in Stichworten – mit der zugehörigen Nummer versehen, um den Überblick zu behalten.

b) Danach erhält jede Studierende einen kleinen Zettel zur Beurteilung: Schreiben Sie drei Nummern von den ausgehängten Einladungen auf, die Ihrer Meinung nach die Kriterien besonders berücksichtigt und Ihnen gut gefallen haben. Die Zettel werden wie bei einer geheimen Wahl ausgezählt.

Reflexion

c) Diskutieren Sie das Ergebnis. Welche Schlussfolgerungen ziehen Sie daraus für die Zusammenarbeit mit den Eltern und anderen Bezugspersonen?

7 Auch in anderen sozialpädagogischen Arbeitsfeldern (Heim und Ganztagsbetreuung der Schulkinder) sind schriftliche Kommunikationsformen mit den Erziehungsberechtigten Alltag.

→ Inwieweit lassen sich die Kriterien und Ergebnisse darauf übertragen?

→ Worin sehen Sie Unterschiede?

Halten Sie Ihre Überlegungen in der Tabelle fest:

Schriftliche Kommunikation in anderen Arbeitsfeldern	
Gleiche Kriterien	**Unterschiede**

3: Ausflüge und Feste

In die Welt hinausgehen – Die Welt in den Kindergarten holen

→ *Bd. 2, S. 441 f.*

Teilnehmer eines Ausflugs

Sommerfest im Kindergarten

Ihre Praxiseinrichtung, der katholische Kindergarten „St. Josef", liegt in einem kleinen Dorf in einer ländlichen Gegend. Die Einrichtung besteht aus zwei Gruppen: die „Sonnengruppe" mit 20 Kindern von zwei bis sechs Jahren und die „Sternschnuppen", eine Kleinstkindergruppe mit zehn Kindern zwischen vier Monaten und drei Jahren.

In der größeren Gruppe arbeiten eine Erzieherin (30 Jahre alt) und eine Kinderpflegerin (20 Jahre), in der kleinen Gruppe zwei Erzieherinnen (26 und 40 Jahre) sowie eine Berufspraktikantin (22 Jahre), die alle zwei Wochen mittwochs zur Schule muss. Die pädagogischen Fachkräfte sind schon seit mehreren Jahren in der Einrichtung tätig. Der 22-jährigen Berufspraktikantin fiel der Einstieg nicht leicht, da die Fachkräfte schon so eingespielt waren. Inzwischen hat sie sich aber eingelebt. Die Kinderpflegerin ist Türkin und mit 20 Jahren die Jüngste. Nach der Ausbildung hat sie in diesem Kindergarten eine Stelle gefunden.

Die Leiterin der Einrichtung ist 35 Jahre alt und seit fünf Jahren Leiterin dieser Einrichtung.

Sie erfahren, dass in der letzten Großteamsitzung beschlossen wurde, nach langer Zeit endlich mal wieder einen Ausflug oder ein Fest zu planen. Fragen über Ort, Teilnehmer, Kosten, Organisation usw. blieben noch offen. Die Mitarbeiterinnen der „Sonnengruppe" sind bereit, Ausflugs- oder Festideen zu entwickeln. Alle Übrigen sollen sich Gedanken machen über ihre Erwartungen und Ziele. Auch die Eltern wurden durch einen Aushang informiert.

Ihre Praxisanleitung erzählt Ihnen: „Unter den Eltern befinden sich sieben türkische und zwei griechische Familien. Einige haben sich den westlichen Gepflogenheiten in Kleidung und Essgewohnheiten angepasst, manche leben religiös nach muslimischen Vorgaben. Drei deutsche Mütter sind alleinerziehend. In den meisten Familien sind beide Elternteile berufstätig, in drei Familien sind die Eltern arbeitslos. Einige Familien im Dorf leben in größeren Mehrfamilienhäusern, der überwiegende Teil aber in Ein- bis Zweifamilienhäusern, z. T. im Neubaugebiet. Acht Kinder leben außerhalb des Dorfes auf Bauernhöfen."

↘ KOMPETENZEN

- → *Die Absolventinnen und Absolventen kennen verschiedene Modelle, Methoden und Formen der Bildungs- und Erziehungspartnerschaft.*
- → *Die Absolventinnen und Absolventen besitzen Fachwissen über rechtliche und institutionelle Rahmenbedingungen für die Zusammenarbeit mit Eltern und anderen Bezugspersonen.*
- → *Die Absolventinnen und Absolventen verfügen über die Fertigkeit, bedarfsgerechte Angebote zu planen und zu organisieren.*

1 Stimmen Sie im Plenum darüber ab, ob Sie sich mit der Planung einer Feier oder eines Ausflugs beschäftigen möchten.

Hinweis:

In dieser Lernsituation werden die Aufgaben am Beispiel einer Ausflugsplanung formuliert. Die Überlegungen für ein Fest wären aber identisch – lediglich die inhaltlichen Schwerpunkte würden sich verschieben.

2 Planspiel

Methodenhinweis:

Bilden Sie für das Planspiel vier Zufallsgruppen. Jeder Gruppe wird nun eine Personengruppe zugeordnet: Mitarbeiterinnen der Sonnengruppe, Mitarbeiterinnen der Sternschnuppen, Leitung, Eltern. Jede Gruppe erhält eine eigene Aufgabenstellung. Die Lehrperson legt ein Zeitlimit fest. Gespräche der Gruppen untereinander, wie sie in der Realität z. B. zwischen Eltern und Erziehern oder unter Kolleginnen zwischen den Gruppen oder mit der Leitung stattfinden, müssen schriftlich erfolgen. Die Briefe werden von der Lehrperson als Moderator weitergeleitet. Falls zwischen den Gruppen Besprechungen gewünscht werden, müssen diese mit der Lehrperson in der Länge abgesprochen werden.

Wissen + Verstehen

a) Finden Sie sich zunächst in die beschriebene Situation und in die Personen ein. Eventuell verteilen Sie innerhalb Ihrer Gruppe die Zuständigkeit für einzelne Personen. Halten Sie in einer Mindmap Ihre Gedanken zu den jeweiligen Personen fest.

Beachten Sie die vorgegebene Zeit, um die Aufgabe zu bearbeiten. Anschließend wird eine Teamsitzung erfolgen, an der jeweils ein Vertreter aus jeder Gruppe teilnimmt. Bestimmen Sie denjenigen **erst am Ende** der Arbeitsphase durch Auslosung.

Planung + Konzeption

b) **Mitarbeiterinnen der Sonnengruppe** (Erzieherin, Kinderpflegerin):
Sie sammeln Ideen, wohin der Ausflug gehen könnte.

→ Worauf müssen Sie achten?

Querschnittsaufgaben: Inklusion und Partizipation

→ Was ist Ihnen wichtig?

→ Haben beide Mitarbeiterinnen ähnliche Vorstellungen?

→ Wie viele Vorschläge sind sinnvoll?

Denken Sie daran: Wenn Sie mit anderen Kolleginnen oder Eltern darüber sprechen wollen, geht dies nur schriftlich über den Moderator/die Lehrkraft.

Stellen Sie Ihre Ideensammlung auf der nächsten Teamsitzung auf einem Plakat vor.

Unsere Vorschläge für einen Ausflug:

Leitung:

Analyse + Bewertung

→ Warum wollen Sie, dass nach längerer Zeit wieder ein Ausflug stattfindet?

Querschnittsaufgaben: Inklusion und Partizipation

→ Welche Ziele sind Ihnen dabei wichtig?

Notieren Sie diese auf gelben Moderationskarten.

Denken Sie daran: Wenn Sie mit Ihren Kolleginnen oder den Eltern darüber sprechen wollen, geht dies nur schriftlich über den Moderator/die Lehrkraft.

→ Was ist Ihnen bei der nächsten Teamsitzung wichtig?

→ Worauf werden Sie achten?

Machen Sie sich dazu Stichworte auf der „Karteikarte“ (siehe folgende Seite).

Mitarbeiterinnen der Sternschnuppengruppe (zwei Erzieherinnen, Berufspraktikantin)**:**

Analyse + Bewertung

→ Warum wollen auch Sie, dass ein Ausflug stattfindet?

Querschnittsaufgaben

→ Welche Ziele sind Ihnen dabei wichtig?

Notieren Sie diese auf grünen Moderationskarten.

Denken Sie daran: Wenn Sie mit anderen Kolleginnen oder Eltern darüber sprechen wollen, geht dies nur schriftlich über den Moderator/die Lehrkraft.

Ihnen werden auf der nächsten Teamsitzung Ausflugsmöglichkeiten vorgestellt werden:

→ Welche Ausflugsarten werden Ihnen gefallen?

→ Welche Interessen haben Sie dabei?

→ Worauf werden Sie achten?

Machen Sie sich dazu Stichworte auf der „Karteikarte“ (siehe folgende Seite).

Analyse + Bewertung

Eltern:

→ Was denken Sie über die Ausflugsplanung?

→ Haben alle Eltern ähnliche Meinungen?

→ Welche Ziele sind Ihnen dabei wichtig?

Notieren Sie diese auf blauen Moderationskarten.

Denken Sie daran: Wenn Sie mit den Fachkräften der Einrichtung darüber sprechen wollen, geht dies nur schriftlich über den Moderator/die Lehrkraft.

Dem Elternvertreter werden auf der nächsten Teamsitzung Ausflugsmöglichkeiten vorgestellt werden:

→ Was würden Sie sich wünschen?

→ Welche Interessen haben Sie dabei?

→ Worauf soll der Elternvertreter achten?

Machen Sie sich dazu Stichworte auf der „Karteikarte“ (siehe unten).

Planung + Konzeption

c) **Die nächste Teamsitzung findet statt.** Aus jeder Gruppe nimmt ein Vertreter teil, auch ein Elternvertreter wurde eingeladen. Der Gruppenvertreter hat die Aufgabe, die Gruppenergebnisse innerhalb seiner Rolle (Leitung, Eltern, Erzieherin) in die Teamsitzung einzubringen.

→ Die Lehrkraft legt ein Zeitlimit fest.

→ Die Leiterin eröffnet die Sitzung.

Die übrigen Gruppenmitglieder sind Beobachter, machen sich Notizen und dürfen sich während der Teamsitzung nicht äußern. Jegliche Gruppendiskussion kann erst später erfolgen.

Teamsitzung am ...

Thema: Unser nächster Ausflug

Teilnehmer: Leiterin, Vertreter der Eltern, der Sonnengruppe und der Sternschnuppengruppe

TOP 1: Vorstellung der Ausflugsideen und der Ziele
Vergleich der Ziele und Zuordnung zu den Ausflugsmöglichkeiten

TOP 2: Diskussion und Einigung über den Ausflugsort und die angestrebten Ziele

TOP 3: Verteilung der weiteren Aufgaben:
(hier keine detaillierte Planung, sondern nur Aufgaben für die nächste Gruppenarbeit festlegen)
- Was muss geregelt und geplant werden?
- Wer übernimmt was?

→ Übersicht erstellen

(mögliches Datum, Zeit/Dauer, Transport, (zumutbare) Kosten, Verpflegung, Material, Geschehen vor Ort/ Ablauf, Elterneinbindung, ...)

Ergebnisse der Teamsitzung: Wer übernimmt was?

Leitung	Sonnengruppe	Sternschnuppen-gruppe	Eltern

d) Nach der Teamsitzung erfolgt eine weitere Gruppenarbeitsphase, in der die Entscheidungen aus der Teamsitzung umgesetzt werden. Eventuell sind Gespräche oder Briefverkehr mit anderen Gruppen erforderlich.

Halten Sie Ihre Planungsergebnisse auf einem Plakat fest.

Losen Sie am Ende einen neuen Vertreter für die Teilnahme an der nächsten Teamsitzung aus. Die vorherigen Vertreter losen nicht mehr mit.

e) Die **abschließende Teamsitzung** vor dem Ausflug erfolgt.

Hängen Sie Ihre Plakate nebeneinander, sodass man einen guten Überblick erhält.

Jeder Vertreter erklärt und begründet die Entscheidungen seiner Gruppe. Diskutieren Sie die Ergebnisse, verändern Sie eventuell noch Aspekte.

Beschließen Sie die Sitzung mit einer endgültigen Entscheidung.

Ergebnis – Übersicht

DER AUSFLUG NACH ______________________________

Reflexion

f) **Reflexion:**

Die Reflexion erfolgt zunächst innerhalb der **Kleingruppen:** Diskutieren Sie dort Ihren Arbeits- und Gruppenprozess. Achten Sie darauf, dass jedes Gruppenmitglied Stellung nimmt.

Halten Sie zentrale Erkenntnisse schriftlich fest:

____

____

____

____

____

____

____

g) Besprechen Sie anschließend diese Aspekte im **Plenum,** indem jede Gruppe ein kurzes Statement abgibt und erst dann die freie Diskussion erfolgt.

Beziehen Sie die Ergebnisse auf die Realität, die Sie bisher während Ihrer Praktika kennengelernt haben.

Evaluation des Planspiels: Wie beurteilen Sie die Organisation, den Verlauf und die Methode?

3 Fragen Sie in Ihrer Praxisstelle nach, ob es möglich ist, Ihre Ausflugsplanung in die Tat umzusetzen. Berichten Sie von Ihren Erfahrungen.

4: Eltern mit Migrationshintergrund

→ Bd. 2, S. 345 f., S. 445–448

Sie absolvieren ein Praktikum in einer Kindertagesstätte der Arbeiterwohlfahrt. Diese liegt in einem Stadtteil mit hohem Erneuerungsbedarf, und der Anteil der Familien mit Migrationshintergrund ist hoch.

Heute kommt ein neues Kind zur Eingewöhnung. Es heißt Hanife und ist 3;3 Jahre alt. Sie haben die Erzieherin über Hanife befragt: „Wo kommt Hanife her, hat sie Geschwister?" Frau Reinert, Ihre Anleiterin, erzählt, dass Hanife noch vier ältere Geschwister habe und ihre Eltern aus der Türkei kämen. Hanife ist in Deutschland geboren. Sie wurde von ihrem Vater, der ganz gut Deutsch spricht, in der Tageseinrichtung angemeldet.

Es ist neun Uhr und Sie sehen, wie Hanife mit ihrer Mutter über den Hof kommt. Frau Reinert begrüßt beide sehr freundlich. Sie geht auf Augenhöhe mit Hanife und fragt sie, ob sie sich freue, in den Kindergarten zu kommen. Hanife sagt nichts, die Mutter lächelt. Frau Reinert fragt Hanife, ob sie Hausschuhe dabei habe. Hanife weint und versteckt sich hinter ihrer Mutter. Die Mutter sagt: „Ja, Socken", und bittet Hanife auf Türkisch, die Schuhe auszuziehen. Hanife zieht die Schuhe aus und steht in Socken vor Frau Reinert. „Es wäre gut, wenn Sie morgen Hausschuhe für Hanife mitbringen können", sagt Frau Reinert zu der Mutter. Diese sagt nichts. Frau Reinert fragt Hanife, ob sie mit in den Gruppenraum kommen möchte. Hanife nimmt die Hand der Mutter und geht mit.

Alle drei stehen jetzt im Gruppenraum. Zwei Mädchen kommen und fragen, wer das ist. Hanife sagt nichts, schaut aber interessiert zu, was die beiden Mädchen machen. Sie spielen nun ein Spiel mit Ihnen.

Nach 20 Minuten weint Hanife nicht mehr, und Frau Reinert fragt die Mutter, ob Hanife eine Stunde alleine in der Einrichtung bleiben könne. „Ja", sagt die Mutter, verabschiedet sich auf Türkisch von Hanife und Frau Reinert. Sie bleibt im Eingangsbereich der Tageseinrichtung stehen. Frau Reinert kümmert sich um Hanife, die sich zu Ihnen und den beiden Mädchen traut.

Nach einiger Zeit müssen Sie etwas aus der Küche holen und sehen Hanifes Mutter im Eingangsbereich warten. Sie wundern sich, warum die Mutter dort steht und fragen Frau Reinert. Diese schlägt Hanifes Mutter vor, solange einkaufen zu gehen und dann in einer Stunde wiederzukommen. „Nein, warten auf Hanife", sagt die Mutter, „Hanife nicht alleine hier kann." Frau Reinert ist ratlos.

↘ KOMPETENZEN

- → *Die Absolventinnen und Absolventen wissen um die Einflüsse kultureller Prägung und ethnischer Zugehörigkeit auf familiäre Lebenssituationen.*
- → *Die Absolventinnen und Absolventen verstehen Gemeinsamkeiten und Unterschiede, analysieren sie und setzen sie in Beziehung zu den Erwartungen und Bedürfnissen von Familien mit Migrationshintergrund.*

1 Mutter und Tochter finden sich gerade in der deutschen Sprache zurecht. Auch Fragen der Erziehung sind für die Mutter neu. Alles ist neu, die Tageseinrichtung, die vielen Kinder und Erzieherinnen. Zu Hause haben sie bisher fast nur Türkisch gesprochen, und Hanife kann nur wenig Deutsch.

Analyse + Bewertung

a) Überlegen Sie in Einzelarbeit, wie Mutter und Kind die neue Situation erleben und welche Leistungen sie erbringen müssen, um sich an die neue Situation zu gewöhnen. Wie kann die Erzieherin beiden den Übergang in die Tagesstätte erleichtern?

Das erlebt die Mutter …	Das erlebt Hanife …	Das kann die Erzieherin tun …

b) Suchen Sie sich eine Partnerin, die im gleichen Monat wie Sie Geburtstag hat.

→ Tauschen Sie sich über Ihre Tabellen aus.

→ Benennen Sie Handlungsweisen und Kompetenzen, die eine Erzieherin besitzen sollte, um Eltern und Kindern mit Migrationshintergrund den Einstieg in die Tageseinrichtung zu erleichtern.

Querschnitts-aufgabe: Inklusion

Handlungsweisen und Kompetenzen:

Planung + Konzeption

2 Welche Kompetenzen hätten Sie selbst gerne?

Listen Sie die gewünschten Kompetenzen auf, und überlegen Sie: Was kann ich tun, um diese zu erreichen?

Kompetenzen	Maßnahmen
→	
→	
→	
→	
→	
→	
→	
→	

Übergänge gestalten

1: Den Übergang von Kindern unter drei in Kita, Krippe oder Tagespflege gestalten

→ *Bd. 2, S. 499–509, Bd. 1, S. 198 ff.*

Claudia und Sascha Müller sind die Eltern der zehn Monate alten Luna. Claudia ist eine erfolgreiche Architektin. Nach der Geburt hat sie 12 Monate Elternzeit genommen. Nun plant sie ihre Rückkehr in den Beruf.

Ihre Tochter hat sie frühzeitig in der Kindertagesstätte „Flohkiste" angemeldet und tatsächlich die Zusage für einen Platz in der U3-Gruppe bekommen.

Einerseits freut sich Claudia auf den Berufseinstieg, andererseits hat sie nun doch ein mulmiges Gefühl bei dem Gedanken, ihre Tochter in fremde Hände zu geben:

- In den vergangenen Monaten hat Luna stark gefremdelt und sich teilweise nicht einmal mehr von ihrem Vater auf den Arm nehmen lassen, wenn er abends von der Arbeit nach Hause kam.
- Bei einem Besuch bei den Großeltern, die dem Kind durchaus bekannt sind, verließ Claudia nur kurz den Raum, um auf die Toilette zu gehen. Als sie zurückkam, weinte das Mädchen, rief „Mama" und hörte erst mit dem Schluchzen auf, als Claudia sie auf den Schoß nahm.
- Beim Schnuppertag in der neuen Kita krabbelte Luna zwar nach kurzer Zeit von der Mutter weg, weil sie etwas Interessantes entdeckt hatte. Claudia bemerkte aber, dass sich ihr Kind immer vergewisserte, ob sie noch da ist.
- Am gleichen Tag beobachtet Claudia Finja (2;5), die ebenfalls neu aufgenommen wird. Finjas Mutter ist entgegen der Absprache mit den Erzieherinnen nicht anwesend. Ihr sei „etwas dazwischengekommen." Finja weint ununterbrochen nach ihrer Mama und lässt sich auch von der Erzieherin nicht trösten, obwohl sich diese redlich um das Kind bemüht. Finja hört erst auf zu weinen, als die Mutter nach ca. eineinhalb Stunden zur Tür hereinkommt. Sie strahlt über das ganze Gesicht, läuft freudig auf die Mutter zu.

Die Eltern sind verunsichert. Ob es Luna nicht vielleicht doch schadet, so früh von der Mutter getrennt zu werden? Wie kann überhaupt der Übergang in die Kita erfolgen, ohne dass das Kind leidet? Die Eltern haben noch viele Fragen an die Erzieher …

↘ KOMPETENZEN

- *Die Absolventinnen und Absolventen verfügen über exemplarisch vertieftes fachtheoretisches Wissen über die Gestaltung von Übergangen.*
- *Die Absolventinnen und Absolventen verfügen über Fertigkeiten, Übergänge systematisch aufgrund wissenschaftlicher Erkenntnisse und konzeptioneller Vorstellungen zu gestalten.*

Hinweis:

„[…] Ziel der frühen Transitionen muss es sein, Kinder dabei zu unterstützen, ein Gefühl von Sicherheit bzw. Wohlbefinden in der neuen Einrichtung zu erlangen." *(Griebel/Niesel, 2011, S. 53)*

1 Was genau ist unter dem Begriff „Transition" zu verstehen? Recherchieren Sie.

Wissen + Verstehen

____

____

____

____

____

2 Sind Sie selbst Mutter oder Vater? Erinnern Sie sich noch an den ersten Tag bei der Tagesmutter oder in der Kita Ihres Kindes? An die Gedanken, vielleicht sogar Sorgen, die Sie sich gemacht haben? An Ihre Gefühle, wenn Sie sich an den ersten Tag in der Kita erinnern? Welche Erinnerungen sind besonders eindrücklich?

Schildern Sie im Plenum.

Reflexion

Analyse + Bewertung

3 Bilden Sie Dreier-Gruppen.

a) Versetzen Sie sich in die Rollen der am Übergang Beteiligten (Kinder, Eltern, Erzieherin). Entscheiden Sie, wer welche Rolle übernimmt und beschreiben Sie die Gefühle (Ängste/Befürchtungen, aber auch positive Erwartungen).

Ängste/Befürchtungen		positive Erwartungen

b) Tauschen Sie sich aus. Alle Beteiligten schildern ihre Gefühle aus der ihnen zugeteilten Sicht. Notieren Sie in die noch leeren Kästchen oben, welche Gefühle die beiden anderen Beteiligten jeweils schildern.

Querschnitts-aufgabe: Prävention und Inklusion

Planung + Konzeption

c) Tauschen Sie sich im Plenum aus, und ziehen Sie Schlussfolgerungen:

Wie verhält sich eine Erzieherin günstig, damit die Transition von unter Dreijährigen in die Kita gelingt?

Günstiges Verhalten der Erzieherin beim Übergang aus der Familie in die Kita

Analyse + Bewertung

4 Während einer Transition werden Kinder mit einer Vielzahl neuer Anforderungen konfrontiert. Die Strategien zur Bewältigung können individuell sehr verschieden sein und von den Beobachtern als Stärken oder Schwächen wahrgenommen werden. Sehen Sie in den folgenden Situationen Stärken oder Schwächen bei Kindern während der Übergangsbewältigung und warum? *(vgl. Griebel/Niesel, S. 94)*

Kinder weinen, wenn ihre Mütter gehen.

Kinder weinen nicht, wenn ihre Mütter gehen.

Kinder lassen sich nur sehr zögernd auf neue Situationen ein.

Kinder scheuen kein Risiko und probieren bereitwillig alles Neue aus.

Kinder gehen offen auf jeden Menschen zu und erhalten Zuwendung.

Kinder tauen nur langsam auf und verhalten sich anderen Menschen gegenüber zurückhaltend und eher distanziert.

Planung + Konzeption

5 In der Kindertagesstätte „Flohkiste" ist es üblich, mit den Eltern jedes einzelnen Kindes ein individuelles Aufnahmegespräch zu führen.

Bereiten Sie das Aufnahmegespräch vor.

a) Was müssen Sie alles über Luna wissen, ehe sie in die Gruppe kommt? Formulieren Sie acht Fragen, die Sie in dem Elterngespräch stellen würden.

b) Vergleichen Sie Ihre Fragen mit denen Ihrer Tischnachbarin. Einigen Sie sich gemeinsam auf die zehn wichtigsten Fragen.

Elternfragebogen zur Aufnahme von Kindern unter drei Jahren in die Kindertageseinrichtung „Flohkiste“	
1	
2	
3	
4	
5	
6	
7	
8	
9	
10	

c) Die Kinder werden nach dem „Berliner Modell“ eingewöhnt. Dieses müssen Sie Lunas Eltern von Luna im Aufnahmegespräch erläutern. Machen Sie sich als Vorbereitung Stichpunkte auf dem Notizblatt. Lesen Sie dazu in „Kein Kinderkram!“, Bd. 1, S. 198–202.

Wissen + Verstehen

→ *Bd. 1, S. 198–202*

d) Vergleichen Sie Ihre Notizen mit denen Ihrer Tischnachbarin. Haben Sie alle Grundsätze des Berliner Eingewöhnungsmodells beachtet? Ergänzen Sie gegebenenfalls.

Planung + Konzeption

e) Sie wollen Lunas Eltern im Aufnahmegespräch natürlich die Gelegenheit geben, eigene Fragen zu stellen. Überlegen Sie, auch vor dem Hintergrund der Ängste/Befürchtungen/positiven Erwartungen der Eltern, welche Fragen kommen könnten und wie Sie sie beantworten wollen. Berücksichtigen Sie auch die Fragen aus der Einstiegssituation.

f) Bilden Sie Zweier- oder Dreier-Teams (Erzieherin – Mutter/Eltern von Luna), und simulieren Sie das Aufnahmegespräch. Wechseln Sie nach dem ersten Durchgang die Rollen.

Reflexion

g) Reflektieren Sie die Aufnahmegespräche schriftlich unter Berücksichtigung der folgenden Aspekte:

→ Ich finde, besonders gut gelungen ist …

→ Mir ist aufgefallen, …

→ Das muss ich noch üben/lernen …

2: Den Übergang vom Kindergarten- zum Schulkind gestalten

→ *Bd. 2, S. 499–509*

Elias (5;8) besucht die Kindertagesstätte „Flohkiste“, in der Sie gerade ein Praktikum absolvieren. Er gehört mit mehreren anderen Kindern zu den „Maxis“, so werden die Kinder genannt, die im kommenden Sommer eingeschult werden. Die Kinder sind sehr stolz, dass sie jetzt „groß“ sind: „Ich bin ein Maxikind!“, hat Ihnen Elias sogar mehrfach erzählt. An einem Vormittag ergibt sich ein kurzes Gespräch:

Sie: „Was meinst Du, wird das Beste in der Schule sein?“
Elias: „Fußball.“
Sie: „Tatsächlich? Wie kommst Du jetzt darauf? Kann man in der Schule Fußball spielen?“
Elias: „Ja, da gibt es Fußballtore.“

Sie sind überrascht und Ihnen wird deutlich, dass die Vorstellung über Schule doch noch recht ungenau ist. Bei Unterhaltungen mit anderen Maxikindern stellen Sie fest, dass sich die meisten sehr auf die Schule freuen, aber auch Ängste und Unsicherheiten vorhanden sind, z. B. vor zu viel Hausaufgaben oder älteren Schulkindern.

Sie informieren sich daher bei Ihrer Praxisanleiterin Frau Müller, wie die Kinder in der Kindertagesstätte „Flohkiste“ auf die Schule vorbereitet werden:

Die Maxigruppe trifft sich regelmäßig einmal in der Woche. Für die Kinder gibt es ein ausführliches Programm, das sie nicht nur kognitiv, sondern besonders auch in sozialer und emotionaler Hinsicht auf die Schule vorbereiten soll. Angeboten werden u. a.:

- → Besuch der Polizei im Kindergarten, dabei wird das Verhalten im Straßenverkehr thematisiert und eingeübt; Aushändigung eines „Fußgängerführerscheins“,
- → „Zahlenland“-Projekt
- → Übernachtung in einer Jugendherberge

Frau Müller arbeitet mit den Maxikindern auch regelmäßig an Vorschulmappen.

Darüber hinaus besteht eine Kooperation mit der örtlichen Grundschule. Die Maxikinder werden zu einem Schnuppertag eingeladen, lernen ihre zukünftige Klassenlehrerin kennen und haben schon einen Vormittag „Unterricht“ bei ihr. An diesem Tag entsteht bereits ein erstes Klassenfoto, das sofort ausgedruckt und den Kindern mit nach Hause gegeben wird. An einem weiteren Vormittag in der Schule lernen die Maxikinder ihre „Paten“ kennen, dies sind Kinder des zukünftigen dritten Schuljahres.

„Wir sind aber jederzeit offen für neue Ideen“, äußert Frau Müller zum Schluss. „Sie dürfen gerne neuen Input geben ...“

Wie werden Kinder richtig auf die Schule vorbereitet?

↘ KOMPETENZEN

- → *Die Absolventinnen und Absolventen verfügen über exemplarisch vertieftes fachtheoretisches Wissen über die Gestaltung von Übergängen.*
- → *Die Absolventinnen und Absolventen verfügen über Fertigkeiten, Übergänge systematisch aufgrund wissenschaftlicher Erkenntnisse und konzeptioneller Vorstellungen zu gestalten.*
- → *Die Absolventinnen und Absolventen verfügen über die Fertigkeit, die Relevanz von Netzwerkstrukturen und Kooperationspartnern für die eigene Zielgruppe einzuschätzen und in das Planungshandeln einzubeziehen.*

Hinweis:

Wann kann man von einem gelungenen Übergang in die Grundschule sprechen?
„Wenn sich das Kind in seiner neuen Rolle als Schulkind wohlfühlt, Freude daran hat zu lernen und sich weiterzuentwickeln. Ganz entscheidend ist natürlich, dass es sich in der Klasse und von der Lehrerin oder dem Lehrer angenommen und integriert fühlt.“ *(Prof. Speck-Hamdan, Professorin für Grundschulpädagogik und -didaktik an der Ludwig-Maximilians-Universität München)*

Wissen + Verstehen

1 Betrachten Sie den Gesichtsausdruck des Jungen auf dem Foto. Wie fühlt er sich vermutlich? Tragen Sie in die Gedankenblase ein.

Reflexion

2 Suchen Sie zu Hause ein Foto von Ihrem eigenen ersten Schultag heraus und beantworten Sie die nachfolgenden Punkte:

a) Welche Erinnerung haben Sie selbst an Ihren ersten Schultag?

b) Fragen Sie Ihre Eltern bzw. Großeltern, wie Ihre Einschulung war.

c) Auf was haben Sie sich vermutlich gefreut? Was waren Ihre Ängste/Befürchtungen?

d) Schreiben Sie alles auf, was Sie hören und woran Sie sich selbst erinnern. Bringen Sie Foto und Bericht mit in die Schule.

Mein erster Schultag

3 Bilden Sie Fünfer-Gruppen.

Analyse + Bewertung

a) Betrachten Sie die Einschulungsfotos, lesen Sie sich gegenseitig die Berichte vor.

b) Sammeln Sie auf einem Plakat Gemeinsamkeiten und Unterschiede der Einschulung/ersten Schulzeit.

c) Stellen Sie im Plenum Ihr Arbeitsergebnis vor und diskutieren Sie: Was hat Ihnen geholfen, den Übergang von der Kindertagesstätte in die Schule zu meistern?

4

> „Der Übergang vom Kindergarten in die Schule bringt auf der Ebene des einzelnen [Kindes], der Beziehungen und der Lebensumwelten Veränderungen mit sich, die das Kind bewältigen muss. Es handelt sich dabei jeweils um Diskontinuitäten in den Erfahrungen des Kindes. Die Anpassungsleistungen lassen sich als Entwicklungsaufgaben charakterisieren.“ *(Griebel/Niesel, 2011, S. 118)*

Wissen + Verstehen

a) Tauschen Sie sich mit Ihrer Tischnachbarin aus, was unter „Diskontinuität in den Erfahrungen“ zu verstehen ist.

Wissen + Verstehen

→ Bd. 2, S. 502

b) Überlegen Sie nun jeder für sich, welche Entwicklungsaufgaben Kinder beim Übergang in die Schule zu bewältigen haben. Lesen Sie dazu „Kein Kinderkram!“, Bd. 2, Lernfeld 5, Kap. 9.1.1. Füllen Sie nachstehende Tabelle aus.

Ebene des einzelnen Kindes	Ebene der Beziehungen	Ebene der Lebensumwelten

c) Setzen Sie sich zu dritt zusammen. Vergleichen Sie Ihre Ergebnisse und ergänzen Sie Fehlendes.

Planung + Konzeption

Querschnitts-aufgabe: Prävention

d) Überlegen Sie nun, welche konkreten Aufgaben auf Sie als Erzieherin zukommen, Kinder beim Übergang in die Schule zu unterstützen. Schreiben Sie diese um die Grafik herum.

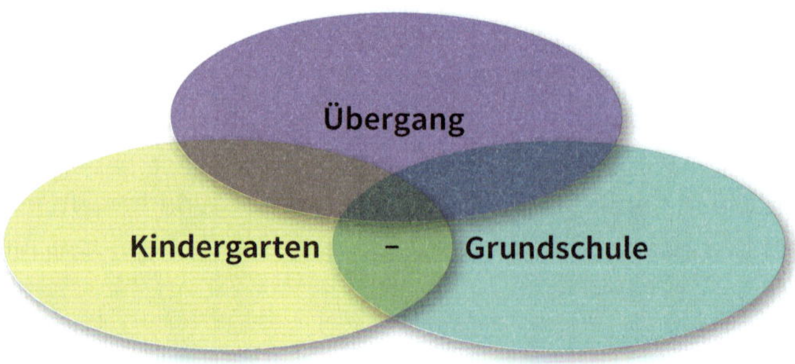

e) Tragen Sie im Plenum zusammen. Halten Sie Ihre Ergebnisse auf einem großen Wandplakat fest.

5 Bilden Sie Vierer-Gruppen.

Planung + Konzeption

a) Sammeln Sie Ideen für die Gestaltung des Vorschuljahres in der Kita „Flohkiste". Recherchieren Sie dazu im Internet. Auf der Seite des Deutschen Bildungsservers werden direkt mehrere Praxisprojekte zum Übergang in die Grundschule vorgestellt: www.bildungsserver.de/Uebergang-Kindergarten-Grundschule-1863.html

Fragen Sie auch in Ihren Praktikumseinrichtungen nach der Übergangsgestaltung.

Übertragen Sie die Tabelle in Ihr Heft, wenn der Platz nicht reichen sollte.

Vorschläge/Ideen für den Maxitreff (1x wöchentlich)	Kooperation zwischen Kita und Schule

b) Formulieren Sie Ziele für das Vorschuljahr.

Analyse + Bewertung

c) Bewerten Sie die bisherige Übergangsgestaltung in der Kindertageseinrichtung „Flohkiste". Was würden Sie beibehalten/was ändern und warum?

Querschnittsaufgabe: Partizipation

d) Machen Sie Frau Müller nun ganz konkrete Vorschläge zur Gestaltung des Vorschuljahres im Maxitreff und zur Kooperation mit der Grundschule. Begründen Sie Ihre Vorschläge in der folgenden Tabelle. Überlegen Sie, wie die Kinder bei der Planung miteinbezogen werden können.

KINDERTAGESSTÄTTE „FLOHKISTE“ – Konzept für die Gestaltung des Übergangs in die Grundschule	
Maxitreff	**Begründung**
Kooperation mit der Grundschule	**Begründung**

e) Stellen Sie Ihre Konzepte in der Klasse vor. Welches ist besonders gelungen?

Institution und Team entwickeln sowie in Netzwerken kooperieren

1: Zusammenarbeit im Team

→ Bd. 2, S. 512 ff.

Das Team in Ihrer Kindertagesstätte arbeitet schon lange zusammen Die Leitung musste aber vor Kurzem aus Krankheitsgründen aufhören. Der Träger hat eine sehr junge Kollegin als Leitung eingesetzt. Im Team gibt es ein starkes Misstrauen gegenüber der jungen Kollegin. Das Team leidet unter einer hohen Arbeitsbelastung. Dadurch sind alle sehr gestresst. Schon bei kleinen Störungen im Arbeitsablauf kommt es zu Reibereien. Dadurch ergibt sich folgendes Bild: Anna, die neue Leiterin, verschanzt sich immer mehr in ihr Büro und wirkt unnahbar und kühl. Christin sorgt immer mehr für die organisatorische Struktur und entwickelt sich zu einer „geheimen“ Leitung. Julia versucht ständig, auszugleichen und zu beruhigen. Sie gerät dadurch immer mehr in einen erschöpften Zustand. Britta ist verunsichert und wird oft für Missverständnisse verantwortlich gemacht. Sie ist in die Rolle des Sündenbocks geraten. Paula, eine weitere Praktikantin, weiß gar nicht mehr, was richtig oder falsch ist und möchte ihre Ausbildung abbrechen. Dieses Team hat ein großes Problem, denn die Atmosphäre ist vergiftet. Das Team benötigt Hilfe.

↘ KOMPETENZEN

- → *Die Absolventinnen und Absolventen verfügen über Wissen zur Konzeptionsentwicklung im Team und in der Institution.*
- → *Die Absolventinnen und Absolventen verfügen über Fertigkeiten, wesentliche Kriterien für die Planung von Prozessen und Organisationsabläufen im eigenen Team zu erarbeiten.*
- → *Die Absolventinnen und Absolventen verfügen über die Fertigkeit, Organisationsabläufe im eigenen Team zu entwickeln.*
- → *Die Absolventinnen und Absolventen verfügen über Fertigkeiten, die eigene Teamsituation auf der Grundlage von Kriterien zu analysieren, weiterzuentwickeln und gegebenenfalls Unterstützung zu organisieren.*
- → *Die Absolventinnen und Absolventen verfügen über Fertigkeiten, die Nachhaltigkeit von Prozessen der Teamentwicklung zu reflektieren.*

1 **Eine Teamarbeit reflektieren**

Wissen + Verstehen

a) Fertigen Sie in der Gruppe eine Mindmap zum Berufsbild Erzieher/Erzieherin an. Orientieren Sie sich dabei an folgenden Leitfragen:

- → Wo und mit wem arbeitet eine Erzieherin?
- → Welche Aufgabenbereiche muss eine Erzieherin erfüllen?
- → Welche Fähigkeiten muss eine Erzieherin haben?
- → Welche Einstellung sollte eine Erzieherin zu ihrem Beruf, zu Kindern, zu Eltern und zu sich selbst haben?
- → Welche Rolle spielt die Erzieherin in der Gesellschaft und was kann eine Erzieherin mit ihrer Arbeit bewirken?

Benutzen Sie dafür möglichst ein großes DIN-A2-Blatt.

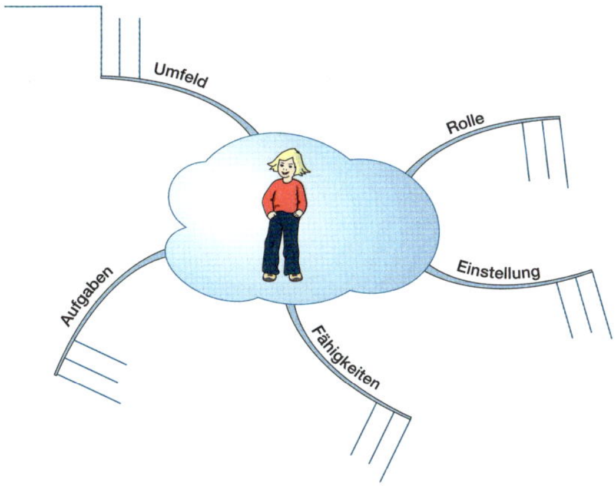

Reflexion

b) Vergegenwärtigen Sie sich nun die getane Arbeit mit der Gruppe. Erinnern Sie sich dabei besonders an den Teamprozess:

→ Wer hatte welche Rolle?
→ Wer hat was gesagt?
→ Wie wurden Absprachen geregelt?
→ Wurden sie überhaupt geregelt?
→ Wie wurden Aufgaben verteilt?
→ Durch wen?
→ Wie haben Sie sich in Ihrem Team gefühlt?

Was mir aufgefallen ist:

Reflexion

c) Reflektieren Sie danach die Teamarbeit in Ihrer Arbeitsgruppe auf der Metaebene vor dem Hintergrund Ihrer Überlegungen.

Methodenhinweis

Die Metaebene ist eine übergeordnete gedankliche Ebene, auf der man sich nicht mit den Inhalten der Gruppenarbeit beschäftigt, sondern mit den äußeren und inneren Umständen, wie die Arbeit abgelaufen ist. Man spricht dann z. B. über die Rollenverteilung, wer wie etwas gesagt hat, Dynamik und Gefühle in der Gruppe während der Arbeit usw. Das Wort „Meta" stammt aus dem Griechischen und wird meist in der Bedeutung von „über, ober-"oder „außerhalb" verwendet.

d) Fassen Sie Ihre Eindrücke und Ergebnisse zusammen und stellen Sie sie im Plenum vor. Diskutieren Sie Gemeinsamkeiten und Unterschiede.

Ergebnisse	Gemeinsamkeiten	Unterschiede

2 Teamprozesse reflektieren

Legen Sie mit drei Seilen drei unterschiedlich große Kreise auf den Fußboden. Der innere Kreis steht für das Team, die beiden äußeren für den Einfluss von außen.

Analyse + Bewertung

a) Jedes Teammitglied fragt sich, worin derzeit die Probleme im Team bestehen.

Jedes Problem wird kurz auf einem Metaplankärtchen notiert und an die entsprechende Stelle auf den Fußboden geklebt:

- → innerer Kreis: Probleme, die das Team selbst lösen kann
- → mittlerer Kreis: Probleme, auf die das Team zwar Einfluss hat, die es aber nicht unbedingt allein lösen kann
- → äußerer Ring: Probleme, die weitestgehend außerhalb der Einflussmöglichkeiten des Teams liegen

Zeitvorgabe: zehn Minuten

b) Die Gruppe benennt nun die Probleme und fasst sie zusammen. Sie sucht nun nach Lösungsmöglichkeiten. Wichtig ist es, in diesem Zusammenhang zu schauen: Wo sind unsere Grenzen und wo kann das Team gegebenenfalls Grenzen erweitern? Die Seile sind beweglich! Die (festgeklebten) Probleme kann man lösen! Es können. neue Möglichkeiten der Einflussnahme geschaffen werden und auch Lösungsmöglichkeiten für Probleme gefunden werden, die vorher außerhalb des eigenen Einflussbereichs lagen.

c) Die Ergebnisse können dann im Plenum schriftlich fixiert und präsentiert werden.

Reflexion

d) Zur Reflexion des Gruppenprozesses können Sie die erste Aufgabe „Eine Teamarbeit reflektieren" heranziehen. Notieren Sie die für Sie wichtigsten Erkenntnisse.

Zeitvorgabe: 45 Minuten

→ *Bd. 2, S. 357 f.*

3 City Bound (siehe auch „Kein Kinderkram!", Bd. 2, Lernfeld 4, Kap. 15)

Methodenhinweis

City Bound ist ein erlebnispädagogischer Ansatz, der die Stadt als Aktions- und Lernfeld nutzt. Hier kann die Übung gut als Methode zur Teamentwicklung eingesetzt werden.

Planung + Konzeption

Gut geeignet ist eine Fußgängerzone, ein Platz mitten in der Stadt, an dem sich viele unterschiedliche Menschen aufhalten. Hier soll nun ein Gruppenfoto entstehen.

Auf dem Foto sollten mindestens zu sehen sein:

- → 2 Personen mit Kopfbedeckung
- → 2 Menschen über 60
- → 2 Menschen mit Migrationshintergrund
- → 5 weitere Frauen und Männer

außerdem:

- → 1 Kinderwagen und/oder
- → 1 Fahrrad
- → 1 Tier
- → dazu beispielsweise Obst oder Gemüse

Nicht erlaubt: feste (Reise-)Gruppen, Schulklassen, Kindergärten o. Ä.

Zeitvorgabe: ca. 30 bis 45 Minuten

Material:
Smartphone oder Digitalkamera, Stift, Schreibunterlage, Papier für Notizen

Hinweis:

Die Gruppenzusammenstellung auf dem Foto kann je nach Begebenheiten natürlich variieren. Beispielsweise kann verlangt werden, dass zwei bis drei Mitarbeiter eines in der Nähe gelegenen Geschäfts (oder Bank, Obststand etc.) mit auf dem Foto sind. Oder man wählt als Hintergrund einen historischen Ort der Stadt, der dann wieder einen Bezug zum direkten Umfeld darstellt. Der Fantasie sind hier keine Grenzen gesetzt. Ziel der Aufgabe ist es, als Gruppe und als Einzelperson eigene Grenzen zu überwinden. Dabei steht die Kommunikation in der Gruppe und mit dem Umfeld im Vordergrund. Eine besondere Herausforderung ist dabei der kreative Umgang mit spontan entstandenen Situationen.

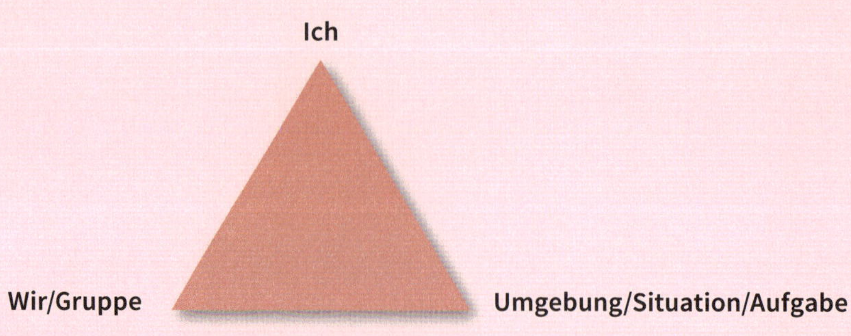

Im Vordergrund steht immer die individuelle Herausforderung in Verbindung mit der Interaktion in der Gruppe und der Aufgabe.

a) **Der Gruppenprozess**

Überlegen Sie in Ihrer Gruppe, welche Aufgaben zu erfüllen sind, und verteilen Sie diese untereinander. Sprechen Sie sich untereinander ab, und bleiben Sie in Kontakt. Beachten Sie die Kriterien in „Kein Kinderkram!“, Bd. 2, Lernfeld 6, Kap. 1.1.

→ *Bd. 2, S. 513 ff.*

Aufgaben	Verteilung	...

b) **Reflexion der Gruppenarbeit**

Reflexion

Nach der Aktion sollte ausreichend Zeit eingeplant werden, um das Geschehen zu reflektieren und sich auszutauschen. Die Erlebnisse werden vielfältig sein. Zur Reflexion des Gruppenprozesses können Sie die erste Aufgabe dieses Kapitels „Eine Gruppenarbeit reflektieren“ heranziehen.

Ergebnisse der Aktion	Gemeinsamkeiten	Unterschiede

c) Plenum

Zur Präsentation eignet sich beispielsweise eine Sammlung von „Sätzen“, die in besonderen Situationen und Aussagen sowie positiven und negativen Rückmeldungen, die neben einem entsprechenden Foto platziert werden. Schön für alle Teilnehmenden ist es auch, wenn ihnen die Möglichkeit eingeräumt wird, auf einer Liste ihre E-Mail-Adresse zu hinterlassen, um ihnen das Foto anschließend zumailen zu können.

„ ______________________________ “

„ ______________________________ “

„ ______________________________ “

„ ______________________________ “

„ ______________________________ “

d)

2: Das Kollegiale Beratungsmodell

→ *Bd. 2, S. 516 ff.*

Was ist passiert? Sie arbeiten seit zwei Wochen als Praktikantin in einer städtischen Kindertagesstätte. Während des Freispiels übernehmen Sie die Aufsicht über die drei- bis sechsjährigen Kinder. Plötzlich hören Sie Geschrei. Lisa (fünf), Timo (vier) und Janek (vier) kommen auf Sie zugelaufen und rufen Ihnen aufgeregt entgegen: „Hänschen hat auf den Sandberg gepinkelt." Sie sagen spontan: „Wie kann denn so etwas passieren?", und gehen zum Sandkasten. Dort hockt Hänschen (drei Jahre) und weint. Einige von den älteren Jungen stehen um ihn herum und lachen laut.

Lisa, Timo und Janek berichten: „Wir haben gerade angefangen, einen Tunnel zu bauen. Hänschen saß oben auf dem Berg, und als wir neuen Sand holen wollten, hat er drauf gepinkelt."

Schnell nehmen Sie Hänschen an die Hand und wollen mit ihm die Toilette aufsuchen. Aber die Kinder rufen Ihnen nach: „Was sollen wir jetzt machen?" „Iiii", rufen die großen Jungen, „wir brauchen neuen Sand." Sie fühlen sich überfordert und ratlos. Woher so schnell neuen Sand holen?

Ihrer Gruppenleiterin erzählen Sie von dem Vorfall und bitten Sie um einen Rat. Sie hat nur wenig Zeit und schlägt eine Kollegiale Beratung vor. Bevor Sie zustimmen, möchten Sie sich informieren, was darunter zu verstehen ist und vor allem, wie eine Kollegiale Beratung abläuft.

↘ KOMPETENZEN

- → *Die Absolventinnen und Absolventen verfügen über Wissen bezüglich der Strukturen und Formen der Teamarbeit.*
- → *Die Absolventinnen und Absolventen verfügen über Fertigkeiten, Erziehungs- und Bildungsplanungen gemeinsam mit dem Team zu entwickeln und reflektiert umzusetzen.*
- → *Die Absolventinnen und Absolventen verfügen über Fertigkeiten, Konzepte der Qualitätsentwicklung in der eigenen Einrichtung anzuwenden.*

Planung + Konzeption

1 **Planen** Sie nach Vorlage eine Kollegiale Beratung.
- → Nehmen Sie den oben beschriebenen Fall als Beispiel.
- → Verteilen Sie an die Rollenspieler die kopierten Vorlagen.
- → Entscheiden Sie, wer die Fallgeberin/der Fallgeber sein soll.

Ablaufschema einer Kollegialen Beratung (Vorlage)

Methode	Ratsuchende/-r	Beratende Gruppe	Regeln/ Stichworte	Zeit (in Minuten)
1. Rollenverteilung	Fallgeber/-in	Moderator/-in Zeitgeber/-in Regelhüter/-in		ca. 5–10
2. Vorstellen des Falles	**Fallgeber/-in beschreibt die Situation** Fall darstellen/ beschreiben/evtl. visualisieren und eine Frage formulieren	zuhören, Notizen machen	noch keine Nachfragen oder Einwürfe	ca. 5–10

Methode	Ratsuchende/-r	Beratende Gruppe	Regeln/ Stichworte	Zeit (in Minuten)
3. Ohne FallgeberIn	Fallgeber/-in macht sich Notizen	Die Kollegen/Kolleginnen äußern kurz ihre Eindrücke, persönlichen Gefühle in der „Ich-Form“	keine Bewertung zulassen	ca. 10
4. Befragung Es kann nachgefragt werden, z. B.: „Habe ich das richtig verstanden, dass …“, oder: „Was haben Sie genau gemacht, als …“ usw.	antwortet differenziert	interviewt den Ratsuchenden	nur Verständnis- und Informationsfragen, keine Probleminterpretationen	ca. 15
Perspektivenwechsel	Fallgeber/-in macht sich Notizen	Die Kollegen/Kolleginnen versuchen, sich in die Rolle der Personen im Fallbeispiel hineinzuversetzen und die Gefühle und Bedürfnisse zu erfassen und zu artikulieren, evtl. in zwei Runden; z. B. erste Runde: Welche Gefühle und Bedürfnisse könnte die Erzieherin in der Situation gehabt haben? Zweite Runde: Welche Gefühle und Bedürfnisse hatte evtl. Hänschen?	Keine Bewertung der Handlungsweisen oder Vorschläge, wie man hätte handeln sollen!! Noch keine Lösungen vorgeben.	ca. 10–15
Lösungssuche	setzt sich außerhalb der Runde, hört zu und macht sich Notizen	Diskussion untereinander über mögliche Ursachen, Vermutungen, eigene Fantasien und Lösungsansätze, z. B.: „Ich als Praktikantin könnte mir vorstellen, dass …“ evtl. Kartenmethode wählen	darauf achten, dass Falldarsteller/-in nicht angesprochen wird, keine Bewertungen und keine „Hätte-Sätze“, „Man“- oder „Wir“-Form meiden	ca. 10
Entscheidung	setzt sich wieder in die Runde, nimmt Stellung, prüft die angebotenen Lösungsvorschläge, räumt Missverständnisse aus, erklärt, ergänzt, bewertet für sich, was neu und anwendbar ist	hört zu und korrigiert ggf. Vermutungen und eigene Lösungsvorstellungen	keine Diskussionen, evtl. zu Schritt 3 noch einmal zurückkehren	ca. 5–10
Feedback	Fallgeber/-in und Kolleginnen teilen mit, wie es ihnen geht und was sie von diesem Gespräch für sich persönlich mitnehmen	Wichtig! Nach Abschluss der Kollegialen Beratung sollte nicht wieder über den Fall diskutiert werden! Themenwechsel!!		ca. 5–10

(Zusammengestellt von Ingrid Rauner, Mediatorin BM, 2009, nach Haug-Benien, R., 1998, ähnlich: Fallner/Gräßlin, 1990, Hendriksen, J., 2000)

Reflexion

Auswertung :

→ Wie beurteilen Sie nach Ihren Rollenspielerfahrungen das Kollegiale Beratungsmodell?

→ Wie schwer war es für Sie, sich an den Ablaufplan zu halten?

→ Begründen Sie, warum nach Ablauf der Kollegialen Beratung nicht mehr über den Fall gesprochen werden sollte.

2 Erläutern Sie in Partnerarbeit aus kommunikationswissenschaftlicher Sicht folgende Aspekte, die auch bei der Anwendung des Kollegialen Beratungsmodells eine wichtige Rolle spielen, und führen Sie dazu Beispiele an:

Wissen + Verstehen

a) anteilnehmendes Zuhören (auch aktives Zuhören)

b) Spiegeln

c) nicht verletzende Konfrontation

d) nonverbale Botschaften

3 **a)** Diskutieren und ergänzen Sie nach Ihren Rollenspielerfahrungen die Informationen (s. u.) über Vor- bzw. Nachteile des Kollegialen Beratungsmodells.

Analyse + Bewertung

b) Diskutieren Sie folgende Fragestellung: Halten Sie das Kollegiale Beratungsmodell für ein Verfahren zur Qualitätssicherung für pädagogische Institutionen?

c) Bearbeiten Sie die Grenzen des Kollegialen Beratungsmodells, und diskutieren Sie die hervorgehobenen Aspekte.

d) Formulieren Sie in schriftlicher Form ein Fazit im Hinblick auf die Qualitätsentwicklung in Ihrer Einrichtung.

Hinweis zum Kollegialen Beratungsmodell

Vorteile

- → kostengünstig, zeitökonomisch
- → bedarfs- und zielgruppenorientiert
- → Eigenverantwortlichkeit und Selbsthilfepotenzial der Beteiligten wird gestärkt
- → Gewöhnungseffekte und Abhängigkeiten werden vermieden

Kommunikative Fähigkeiten werden erweitert:

- → anteilnehmendes Zuhören
- → Ausdrücken von Gefühlen und Bedürfnissen
- → Spiegeln
- → nicht verletzende Konfrontation
- → Achtsamkeit für nonverbale Botschaften
- → Reflexionsfähigkeit über das eigene Kommunikationsverhalten

Grenzen der Kollegialen Beratung (KB)

- → KB ist kein Ersatz für Therapie.
- → Persönliche, intrapersonale Konflikte können nicht aufgearbeitet werden, wohl aber Unsicherheiten, Misserfolge, Lustlosigkeit und Erschöpfung sowie Probleme mit Kindern/Jugendlichen oder Kollegen oder dauerhafte Aversionen gegenüber Arbeitsplatz oder getroffener Berufswahl.
- → Einschränkungen ergeben sich durch fehlendes Vertrauen oder komplexe Spannungen und Konflikte im Team, wenn Sachinhalte zu Beziehungsthemen werden.
- → Einschränkungen ergeben sich durch institutionelle Zwänge sowie durch eine fehlende Unterstützung durch die Leitung bzw. dem Träger der Institution.
- → Die Nutzung der Kollegialen Beratung zur **subtilen Kontrolle** von beruflichen Fähigkeiten oder die aktive Einmischung in einen Fall machen ein pädagogisches Entscheiden auf der Basis der Kollegialen Beratung unmöglich.

Fazit:

3: Kooperation mit anderen Institutionen

→ Bd. 2, S. 575–584

Tim (7;6 Jahre) besucht seit einem halben Jahr die Offene Ganztagsbetreuung seiner Grundschule. Sie waren von Beginn an seine Bezugserzieherin und haben ihn zunächst als unauffälligen, ruhigen Jungen wahrgenommen. Seit einiger Zeit jedoch mehren sich die Probleme: Tim redet nicht viel, vermeidet jeglichen Blickkontakt. Er beschäftigt sich meist alleine. Sie beobachten ihn einige Zeit, doch verstärkt sich das Verhalten weiter. Tim hat kaum Kontakt zu anderen Kindern, diese scheinen ihn zu ignorieren.

Eines Tages beobachten Sie, wie Tim im Baubereich verärgert gegen eine Brücke tritt, die zwei Mädchen gebaut haben. Tim fängt an zu weinen und läuft hinaus. Auf Ihre Fragen reagiert er nicht.

Weitere Beobachtungen und Gespräche mit der Lehrerin ergeben, dass Tim zunehmend wütend wird, wenn er glaubt, Anforderungen nicht bewältigen zu können. Er schubst oder tritt nach den anderen Kindern. Dann provozieren ihn vor allem Gleichaltrige oder lachen ihn aus. Sie als Erzieherin lässt Tim nicht mehr an sich heran.

In einem Gespräch mit der Mutter erfahren Sie, dass Tim schon früher auffällig war, aber es eigentlich im letzten Jahr besser geworden sei. Sie fragen nach, ob sich etwas in Tims Leben verändert habe. Die Mutter verneint. Es stellt sich aber heraus, dass die damals begonnene sozialpädagogische Familienhilfe, die der Kindergarten vermittelt hatte, inzwischen beendet ist, da die Eltern sie nicht mehr für notwendig erachteten. Sie selbst sehen darin einen möglichen Anhaltspunkt für Tims Verhalten und empfehlen, erneut spezielle Hilfe anzunehmen. Die Mutter reagiert zögerlich. Sie meint, Tim würde sich nur anstellen, so schlimm sei etwas Stress mit anderen Kindern nun auch nicht. Sein Vater würde viel mit ihm für die Schule üben, da dieser ja immer noch arbeitslos sei und deshalb Zeit habe. Tim soll später aufs Gymnasium gehen können – das sei wichtig. Sie selber habe nicht viel Zeit, sich um Tim zu kümmern. Nach einigem Zureden aber, vor allem die Erwähnung des Zusammenhangs zwischen Sozialverhalten und zunehmenden Schulschwierigkeiten, stimmen Sie die Mutter um. Sie ist einverstanden, mit der Einrichtung zusammen aktiv zu werden.

Sie überlegen, wie Sie selbst Tim noch unterstützen können.

Vermittlung möglicher Hilfsangebote

↘ KOMPETENZEN

- → *Die Absolventinnen und Absolventen besitzen berufliches Wissen über Einrichtungen der Kinder- und Jugendhilfe sowie anderer Fachdienste und anderer Bildungsinstitutionen, Unterstützungssysteme und Netzwerke.*
- → *Die Absolventinnen und Absolventen schätzen die Relevanz von Netzwerkstrukturen und Kooperationspartnern für die eigene Zielgruppe ein und beziehen sie in das Planungshandeln mit ein.*
- → *Die Absolventinnen und Absolventen erschließen relevante Ressourcen im Sozialraum für die Zielgruppe.*

1 Tim oder andere Kinder

Reflexion

a) Erinnert Sie die beschriebene Situation an eigene Praxiserfahrungen oder ähnliche Probleme? Notieren Sie Stichworte in der linken Hälfte des Ovals.

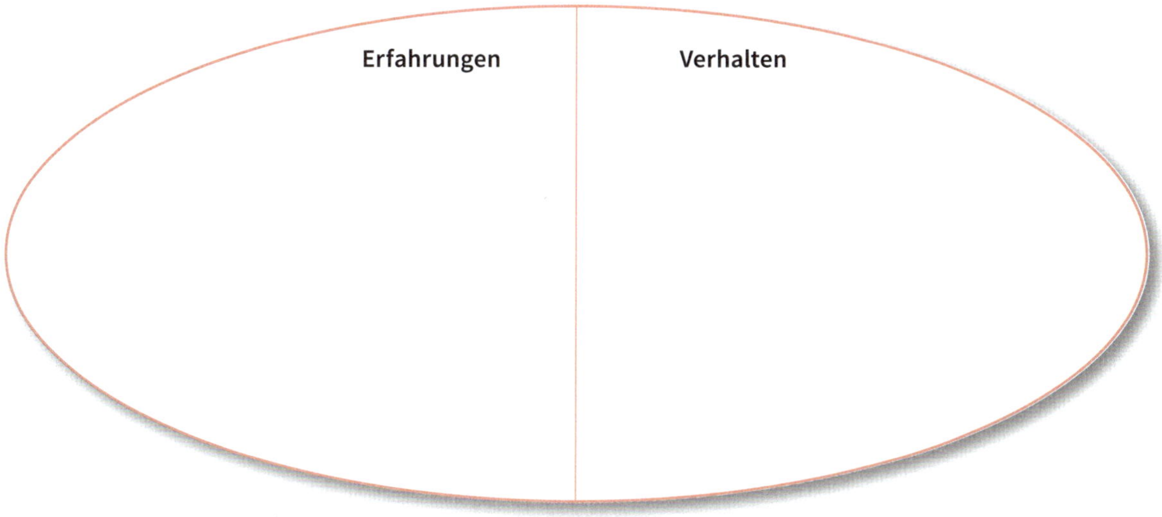

b) Wie sind Sie oder andere beteiligte Personen damit umgegangen? Sind Sie selbst schon an Grenzen gelangt und haben nicht mehr weiter gewusst?

Notieren Sie Ihr Verhalten in der rechten Hälfte.

c) Mit welchen Institutionen/Einrichtungen/Personen haben Sie bisher kooperiert?

→ Beachten Sie die Möglichkeiten in „Kein Kinderkram!“, Bd. 2, Lernfeld 6, Kap. 6.3.

→ Schreiben Sie um den Kreis herum.

→ Überlegen Sie, warum es gerade diese Institutionen waren.

→ Gab es bei der Zusammenarbeit auch Probleme?

→ *Bd. 2, S. 579 f.*

2 Wo, wer oder was ist das Problem?

Analyse + Bewertung

a) Analysieren Sie die vielfältigen Schwierigkeiten, die in dem Fallbeispiel zum Ausdruck kommen. Beachten Sie dafür die verschiedenen Ebenen: Kind – Gruppe, Kind – Erzieherin, Kind – Mutter, Erzieherin – Mutter.

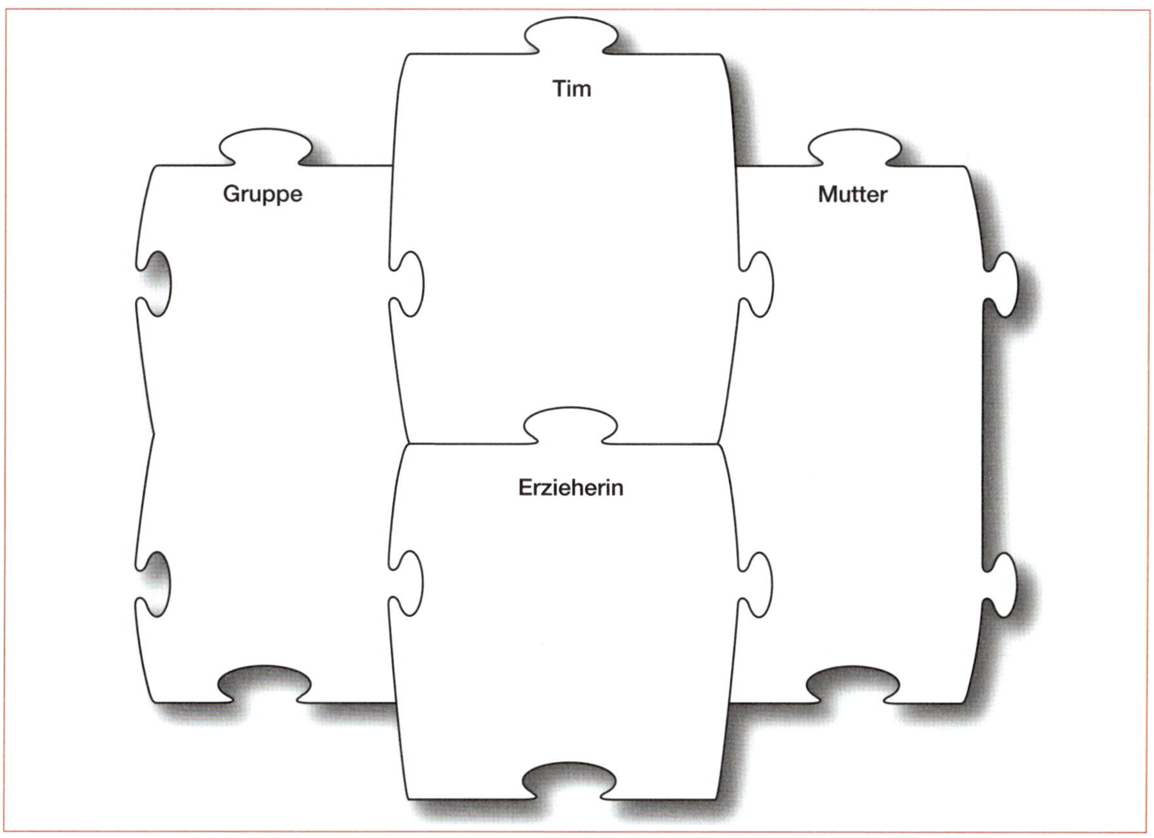

b) Beurteilen Sie die Analyse, und beziehen Sie Ihre eigenen Erfahrungen ein:
- → Welche Schwierigkeiten kann Ihrer Meinung nach die Erzieherin allein angehen? Markieren Sie diese farbig.
- → Wo sind Grenzen, sodass die Erzieherin sich Unterstützung holen sollte? Markieren Sie diese Probleme in einer anderen Farbe.

c) An wen kann die Erzieherin sich wenden? Welche Institutionen kämen infrage? (Es müssen natürlich nicht immer unterschiedliche sein.)

Problem ______________________ → ______________________

Problem ______________________ → ______________________

Problem ______________________ → ______________________

Problem ______________________ → ______________________

Problem ______________________ → ______________________

Problem ______________________ → ______________________

Problem ______________________ → ______________________

.

.

.

Analyse + Bewertung

3 **a)** Vergleichen Sie die Ergebnisse Ihrer Analyse, indem diejenige mit der Vorstellung beginnt, die als nächste Geburtstag hat. Die anderen ergänzen lediglich nicht bereits genannte Aspekte.

Reflexion

b) Reflektieren Sie:
- → Inwieweit waren bei der anschließenden Beurteilung Erinnerungen an eigene Erfahrungen hilfreich?
- → Haben diese bei den Gruppenmitgliedern zu sehr unterschiedlichen Einschätzungen geführt?
- → Welche Schlussfolgerungen ziehen Sie daraus?

Querschnittsaufgabe: Prävention

c) Stellen Sie Kriterien auf, wann man als Erzieherin Kontakt zu anderen Fachkräften aufnehmen sollte. Listen Sie diese auf einem Plakat auf.

4 **a)** Berichten Sie im Plenum zusammengefasst von Ihren Reflexionsergebnissen.

b) Hängen Sie die Kriterien-Plakate nebeneinander, und vergleichen Sie.

Wissen + Verstehen

c) Erstellen Sie aus den Ergebnissen einen Gesamt-Kriterienkatalog, und übertragen Sie diesen in die Tabelle auf der folgenden Seite.

Wann nehme ich Kontakt auf? (Aufgabe 4)	Kriterien der Kontaktaufnahme (Aufgabe 5)	Erforderliche Informationen (Aufgabe 5)	Kriterien für erfolgreiche Zusammenarbeit (Aufgabe 6)

Planung + Konzeption

5 Die Kontaktaufnahme

Wählen Sie in einer Kleingruppe aus den unter Aufgabe 2c) genannten Institutionen/Personen eine aus.

a) Planen Sie die Kontaktaufnahme ganz konkret:

Welche Erwartungen und Ziele hat die Erzieherin?	
Wie sollte sie vorgehen?	
Welche Kriterien sollte sie dabei beachten?	
Welche Informationen sollte sie bereithalten?	
Welche Informationen kann sie bekommen?	
Welche Erwartungen hat die Institution/Person?	

b) Stellen Sie die Kontaktaufnahme in einem Rollenspiel dar, das die erarbeiteten Inhalte verdeutlicht.

Reflexion

c) Die Gruppen präsentieren nacheinander die Rollenspiele. Werten Sie die Szenen nach folgenden Schwerpunkten aus:

→ Welche Erwartungen werden deutlich?
→ Welche Methoden der Kontaktaufnahme werden angewendet?
→ Welche Informationen/Inhalte werden angesprochen?

d) Halten Sie die Ergebnisse in der Tabelle von Aufgabe 4 fest.

Planung + Konzeption

6 Die weitere Zusammenarbeit

a) Finden Sie sich in den gleichen Gruppen wie beim vorherigen Rollenspiel zusammen.

→ Die Zusammenarbeit: Der Anfang ist gemacht. Aber wie geht's weiter?
→ Was ist Aufgabe der Institution – was ist Aufgabe der Erzieherin?
→ Welche Kriterien müssen beachtet und erfüllt werden, damit die Zusammenarbeit erfolgreich verläuft?

Planen Sie ein weiteres Rollenspiel, in dem Sie ein Treffen darstellen, das ein Jahr nach der ersten Zusammenarbeit stattfindet.

b) Reflektieren Sie nach der Vorstellung die Gemeinsamkeiten und Unterschiede. Notieren Sie zum Ausdruck kommende Kriterien in der Tabelle von Aufgabe 4.

Reflexion

7 In „Kein Kinderkram!“, Bd. 2, Lernfeld 6, Kap. 6.4 wird betont, dass Kontakte zu anderen Institutionen aufgenommen und gepflegt werden sollten, solange noch **keine** Probleme vorliegen, sodass sie in schwierigen Zeiten oder Situationen sofort möglich sind (das in der Sonne funkelnde Spinnennetz). Zu welcher Institution/Fachkraft würden Sie gerne Kontakt aufnehmen?

→ *Bd. 2 S. 581 f.*

a) Planen Sie einen Besuch bei dieser Institution.

Entwickeln Sie dafür aus den bisher erarbeiteten Kriterien und Voraussetzungen einen Fragebogen für ein erstes Gespräch.

Planung + Konzeption

Institution, Fachkraft:
1.
2.
3.
.
.
.

b) Nehmen Sie Kontakt zu der Institution auf, und führen Sie die Befragung durch. Erstellen Sie anschließend ein Ergebnisprotokoll.

c) Tauschen Sie sich im Plenum über Ihre Erfahrungen aus.

Reflexion

Gipfel erreicht? – Reflexion der Ausbildung

Als Studierende einer Abschlussklasse wirken Sie an einer Informationsveranstaltung der Fachschule mit und betreuen dabei eine Gruppe interessierter Bewerber/-innen. Aus vielen Bemerkungen geht hervor, dass die Besucher/-innen oft schon umfangreiche Vorerfahrungen im Umgang mit Kindern gesammelt haben (Ferienspiele, Fußballtraining, Babysitting, Kindergottesdienste usw.). Von daher stellt sich etwa folgende Frage: „Was kann man überhaupt so alles lernen für die Arbeit mit Kindern?" Es fällt Ihnen nicht immer leicht, auf diese und andere Fragen zu antworten.

Einige Berufspraktikantinnen kehren vorübergehend in die Fachschule zurück und absolvieren Studientage, die dazu beitragen sollen, die vielfältigen Praxiserfahrungen aufzuarbeiten und fachlich zu vertiefen. Ein bisschen Neid kommt in Ihnen auf, weil diese Studierenden schon bald den „Gipfel" der Ausbildung erreicht haben werden, während Sie noch den Abschlussprüfungen entgegensehen und das Berufspraktikum meistern müssen.

Einige dieser Praktikantinnen möchten gerne in ihren „praxisintegrierten" Ausbildungseinrichtungen bleiben, andere wollen noch einmal die Arbeitsstelle wechseln und haben deshalb schon mehrere Bewerbungsgespräche absolviert. Sie hören interessiert zu, wenn in den Pausen über erste Erfahrungen gesprochen wird; besonders aufmerksam werden Sie, als einige Studierende berichten, dass sie bei ihrer Bewerbung auch ein eigenes pädagogisches Konzept skizzieren sollten. Sie fragen sich, was Sie selbst dazu formulieren könnten: „Wie sieht denn mein Konzept eigentlich aus?", „Was könnte ich denn näher erläutern, um einige meiner pädagogischen Leitideen zu verdeutlichen?"

KOMPETENZEN

→ *Die Absolventinnen und Absolventen verfügen über Fertigkeiten, die eigene Situation am Ende ihrer Ausbildung auf der Grundlage von Kriterien zu analysieren.*

→ *Die Absolventinnen und Absolventen können in diesem Kontext auch die Nachhaltigkeit von Ausbildungsprozessen reflektieren, um diese weiterzuentwickeln und gegebenenfalls dafür Unterstützung zu organisieren.*

Die nachfolgenden Aufgaben tragen dazu bei, die Entwicklungsprozesse der eigenen beruflichen Ausbildung zur Erzieherin wahrzunehmen und darzulegen. Erworbene Fähigkeiten und Kenntnisse, besondere Stärken können noch einmal gewürdigt werden. Ebenfalls soll die Entwicklung der eigenen beruflichen Professionalität kritisch eingeschätzt und fortgeschrieben werden. Kurz: Es gilt, Bilanz zu ziehen und weitere Perspektiven zu entwickeln.

Reflexion

1. Überlegen Sie sich ein Sinnbild, um die verschiedenen Stationen Ihrer Ausbildung treffend zu beschreiben.

   Für diese Aufgabe wird das Beispiel einer Bergbesteigung gegeben; der Ausbildungsverlauf wird dabei in drei Hauptphasen aufgegliedert.

   Tragen Sie eigene Lernerfahrungen und Schlüsselsituationen – auch Fragen und Krisen usw. –in die nachfolgende Liste ein. Tauschen Sie sich darüber mit einer Partnerin aus.

Aufstieg auf den „Ausbildungs-Berg“ ***(Beginnen Sie von unten nach oben!)***

„Oben angekommen!“

Ganz besonders stolz bin ich auf ______

Inzwischen fügen sich folgende ______ zusammen.

Gerne blicke ich zurück auf ______

Weniger gern erinnere ich mich an ______

Ich habe vor, ______

„Es geht voran ...!“

Wobei entwickelte ich Sicherheit? ______

Was interessierte mich besonders, nachdem ich mich ein wenig „umgeschaut“ hatte? ______

Wo musste ich „Pause“ machen? ______

Ich erinnere mich besonders an ______

„Und los!“

Erste Schritte, die mir besonders wichtig waren ______

Was fiel mir zu Anfang schwer? ______

Halt und Orientierung gab mir ______

Meine Grundlagen, Vorerfahrungen ... ______

Fügen Sie gegebenenfalls weitere Eintragungen hinzu.

2 Die Ausbildung von Erzieherinnen ist in den Ländern der Bundesrepublik Deutschland unterschiedlich strukturiert. Bei all diesen Unterschieden zeigen sich jedoch auch Gemeinsamkeiten: „Aus Schülerinnen werden Erzieherinnen!“ *(Gruschka, 1995, S. 9)*, und dabei sind vor allem vier „Entwicklungsaufgaben“ zu bewältigen. Es handelt sich um übergreifende Aufgabenstellungen, welche in einer festen Reihenfolge abgearbeitet werden müssen — sonst „kann es nicht zur Entwicklung von Kompetenzen kommen“ *(Gruschka, 1995, S. 68)*.

→ *Bd. 1, S. 452 ff.*

Sie haben die Entwicklungsaufgaben nach Robert J. Havighurst bereits kennengelernt und fachlich angewandt. („Kein Kinderkram!“, Bd. 1, Lernfeld 3, Kap. 3.4.1.) Nun wird dieses Modell herangezogen, um die Entwicklung Ihrer eigenen Professionalität zu strukturieren und zu beleuchten.

Entwicklungsaufgaben innerhalb der Erzieherausbildung (nach Andreas Gruschka)	
1. Aufgabe Entwicklung einer Vorstellung von der eigenen zukünftigen *Berufsrolle* Übergreifende Lösung: „Ich kann Erzieherin werden, weil ich lernen kann, was ich lernen muss und dies auch lernen will!“	*„Jede von Ihnen kommt mit mehr oder weniger klaren Erwartungen an die erzieherische Tätigkeit in die Ausbildung [...] Jede weiß also mehr oder weniger gut darüber Bescheid, warum sie mit welcher Zielsetzung Erzieherin werden will [...] Die Vorstellung von der eigenen Berufsrolle erlaubt, für die eigene Ausbildung eine eigene Perspektive zu entwickeln. Ob diese Perspektive realistisch ist, entscheidet sich erst während der Ausbildung.“ (Gruschka, 1995, S. 68)*
2. Aufgabe Entwicklung eines Konzepts für die pädagogisch ausgerichtete *Fremdwahrnehmung* Übergreifende Lösung: „Ich finde pädagogischen Kontakt zu Kindern und Jugendlichen, weil ich sie gut verstehen kann!“	*In einer weiteren Phase der Ausbildung, „im Umfeld eines ersten längeren Praktikums, wird eine zweite Entwicklungsaufgabe akut. So umfänglich auch Ihre kommunikativen Kompetenzen sein mögen, die Sie in die Ausbildung einbringen, so viele Praxiserfahrungen Sie auch bereits gemacht haben mögen, nun, im ersten Praktikum, wird die Probe auf Ihre zukünftige Eignung als Erzieherin gemacht. Denn nun haben Sie in der Rolle der Praktikantin zu beweisen, dass Sie einen pädagogisch gerichteten Umgang mit Kindern herstellen können.“ (Gruschka, 1995, S. 68)*
3. Aufgabe Formulierung eines Konzepts für das pädagogisch-praktische *Handeln* mit Kindern und Jugendlichen Übergreifende Lösung: „Mein Handeln mit Kindern und Jugendlichen basiert auf meiner eigenen Idee und einer anerkannten, objektiv sinnvollen Praxis!“	*Die dritte Phase ist die eigentliche Hauptphase der Ausbildung, denn es geht darum, „die pädagogischen Zielsetzungen, die Sie mit Ihrem Berufsrollenverständnis verknüpft haben, und Ihre Fähigkeit, Kinder und Jugendliche wahrzunehmen, miteinander zu verkoppeln. Das Ziel besteht nun darin, so etwas wie ein Konzept für das eigene pädagogische Handeln zu entwickeln.“ Dabei soll sich zeigen: „Mein Handeln gegenüber Kindern ist nicht zufällig, chaotisch und diffus, sondern es erfolgt zielgerichtet, von bestimmten pädagogisch gerechtfertigten Überlegungen aus!“ (Gruschka, 1995, S. 69)*
4. Aufgabe Formulierung einer Strategie für die *Professionalisierung* in der Berufspraxis Übergreifende Lösung: „Auch wenn ich zu Beginn der Berufspraxis nicht alles kann, was ich können müsste, werde ich ... nicht untergehen, weil ich weiß, was ich dort noch lernen kann!“	*Die vierte Entwicklungsaufgabe steht am Ende der Ausbildung. Die Lösung der Aufgabe besteht darin, „den Übergang von der Schule in die Praxis produktiv zu meistern [...] Die Entwicklung der Professionalität einer Erzieherin geschieht nicht allein in der schulischen Vorbereitung, dort nicht gleichsam auf Vorrat, sie vollzieht sich [...] im Umgang mit Kindern, mit der Praxis.“ Was aber am Ende der Ausbildung jedoch geleistet werden muss, ist „die Eröffnung einer Perspektive, wie die eigene Professionalisierung in der Praxis vorangetrieben werden kann.“ (Gruschka, 1995, S. 69)*

a) Ordnen Sie eigene Erfahrungen, Fähigkeiten und Kenntnisse, Planungs- oder Handlungsbeispiele u. Ä. m. den vier Entwicklungsaufgaben, die in der rechten Spalte aufgeführt sind, zu.

Analyse + Bewertung

→ Welche Themen kehren im Laufe der Ausbildung wieder und lassen dabei persönliches Wachstum erkennen?

→ Welche besonderen Fachlichkeiten haben zu Ihrer pädagogischen Entwicklung beigetragen?

→ Inwiefern zeigen sich in diesen Entwicklungsprozessen auch (veränderte?) Grundeinstellungen im Sinne der „Querschnittsaufgaben" (vgl. „Kein Kinderkram!", Bd. 1, Lernfeld 1, Kap. 7)?

→ *Bd. 1, S. 74 ff.*

→ Wo lassen sich bei Ihnen erste Merkmale einer beruflichen Professionalisierung beschreiben?

b) Tauschen Sie sich über Ihre Ergebnisse in kleineren Gruppen und dann im Plenum aus.

3

Professionelles Handeln in Tageseinrichtungen für Kinder und Jugendliche erfordert Fachkräfte, die auf sicheres Können zurückgreifen, aber auch Unzulänglichkeiten realistisch einzuschätzen wissen.

Der „Deutsche Qualifikationsrahmen für lebenslanges Lernen" (DQR) wurde entwickelt, um die Orientierung im deutschen Bildungssystem zu erleichtern und erworbene Qualifikationen europaweit einzuordnen. Diese Qualifikationen werden als Kompetenzen beschrieben; der DQR unterscheidet dabei zwei Kompetenzkategorien:

→ *Fachkompetenz, unterteilt in Wissen und Fertigkeiten*

→ *Personale Kompetenz, unterteilt in Sozialkompetenz und Selbstständigkeit.* (vgl. „Kein Kinderkram!", Bd. 1, Lernfeld 1, Kap. 1.1).

→ *Bd. 1, S. 14*

Die mit einer Qualifikation verbundenen Lernergebnisse beziehen sich somit auf die berufliche, aber auch persönliche Entwicklung des Einzelnen.

Im Hinblick auf die Ausbildung zur Erzieherin und zum Erzieher soll mit dem allgemeinen Begriff einer *beruflichen Handlungskompetenz* verdeutlicht werden, dass Erzieherinnen und Erzieher über umfangreiche Kenntnisse, Fähigkeiten und Fertigkeiten verfügen sollten, die in vielfältiger Weise zusammenspielen. Darüber hinaus verweisen die Kompetenzkategorien auf das Wissen und Können einer Fachkraft, aber auch deren Fähigkeit und Bereitschaft, sich überhaupt auf pädagogische Prozesse einzulassen, diese eigenständig oder gemeinsam mit anderen zu gestalten.

Das DQR-Modell ist geeignet, um eigene Professionalisierungen genauer einzuschätzen und darzulegen, etwa in der Vorbereitung auf ein Bewerbungsgespräch oder um daraus weitere Perspektiven für die berufliche Entwicklung, etwa durch Fortbildungen nach Abschluss der Ausbildung, abzuleiten.

Analyse + Bewertung

a) Übertragen Sie das folgende Kompetenzraster auf ein Blatt Papier und füllen Sie die Felder möglichst umfassend aus. Sammeln Sie vielfältige Stichpunkte, ergänzen Sie weitere Leitfragen, die Sie einer spezifischen Handlungskompetenz in einem Lernfeld zuschreiben wollen.

– Wie stellt sich diese Kompetenz dar, wie sicher ist sie ausgeprägt, wo ergeben sich weitere Fragen oder zeigen sich noch Lücken?

Berufliche Handlungskompetenz (angelehnt an den DQR)			
z. B. im Lernfeld 2 „Pädagogische Beziehungen gestalten ...“/Schwerpunkt: „Bindung“			
Fachkompetenz		**Personale Kompetenz**	
Wissen	**Fertigkeiten**	**Sozialkompetenz**	**Selbstständigkeit**
Tiefe und Breite	instrumentale und systemische Fertigkeiten, Beurteilungsfähigkeit	Team- und Führungsfähigkeit, Mitgestaltung und Kommunikation	Eigenständigkeit und Verantwortung, Reflexivität und Lernkompetenz
Mögliche Leitfragen: Auf welches spezifische Fachwissen kann ich zurückgreifen, um das menschliche Bindungsverhalten zu verstehen? Welche allgemeinen Grundbedürfnisse liegen diesem Geschehen zugrunde? ...	*Mögliche Leitfragen:* Mit welchen Methoden kann ich kindliche Bindungsversuche wahrnehmen oder genauer beobachten? Mit welchen fachlichen Möglichkeiten beurteile ich das Bindungsgeschehen zwischen Kindern und ihren Bezugspersonen? ...	*Mögliche Leitfragen:* Wie gelingt es mir, in pädagogischen Beziehungen alters- und bedürfnisgerecht zu kommunizieren? Welche meiner Fähigkeiten sind besonders geeignet, um auf kindliche Bindungsbedürfnisse einzugehen? ...	*Mögliche Leitfragen:* Welche Sicherheiten und Unsicherheiten spielen/spielten beim Thema „Bindung“ für mich eine Rolle? Wie habe ich mir das Thema erarbeitet, und welche Klärungen konnte ich dabei entwickeln? ...

Reflexion

b) Holen Sie weitere Rückmeldungen von anderen Studierenden aus Ihrer Lerngruppe ein. Geben Sie Ihren Kolleginnen und Kollegen ebenfalls eine Einschätzung.

→ Wo zeigen sich jeweils Übereinstimmungen, wo gibt es Unterschiede?

→ Inwiefern können auch diese Ergebnisse für die eigene Professionalisierung von Nutzen sein?

Quellenverzeichnis

Bayerisches Staatsministerium für Arbeit und Sozialordnung, Familie und Frauen: Der Bayerische Bildungs- und Erziehungsplan für Kinder in Tageseinrichtungen bis zur Grundschule. 5. Aufl., Berlin, Cornelsen, 2012.

Bildungspläne der Länder in der Bundesrepublik Deutschland (www.bildungsserver.de).

Bildungsvereinbarung NRW, Ministerium für Schule und Weiterbildung, Ministerium für Generation, Familie, Frauen und Integration des Landes NRW (Hrsg.): Mehr Chancen durch Bildung von Anfang an. Entwurf-Grundsätze zur Bildungsförderung für Kinder von 0 bis 10 Jahren in Kindertageseinrichtungen und Schulen im Primarbereich in NRW. Düsseldorf, 2010.

Böhm, Dietmar/Böhm, Regine/Deiss-Niethammer, Birgit: Handbuch Interkulturelles Lernen. 3. Aufl., Freiburg, Verlag Herder, 2004.

Böhm, Dietmar/Böhm, Regine/Deiss-Niethammer, Birgit: spot: So geht's – Miteinander aufwachsen und voneinander lernen. Freiburg, Verlag Herder, 2004.

Deutsches Jugendinstitut (DJI): Sprachliche Förderung in der Kita. Verlag das Netz, 2006.

Fallner, H./Gräßlin, H.-M.: Kollegiale Beratung. Eine Systematik zur Reflexion des beruflichen Alltags. Hille, Ursel Busch Fachverlag, 1990.

Filtzinger, Otto: Interkulturelle Erziehung und Bildung. In: Fried, Lilian/Roux, Susanna (Hrsg.): Handbuch Pädagogik der frühen Kindheit. Berlin, Cornelsen Verlag, 2013.

Fischer, Sybille: Fragen lesen. Bilderbücher dialogisch betrachten. In: Kleinstkinder in Kita und Tagespflege. Freiburg, Herder Verlag, Heft 1/2013.

Franz, Kurt: Kinderlyrik. In: Lange, Günther (Hrsg.): Taschenbuch der Kinder- und Jugendliteratur. Band 1, Baltmannsweiler, Schneider Verlag, 2005.

Fthenakis, W.E. u.a.: Natur-Wissen schaffen. Band 6: Portfolios im Elementarbereich. Troisdorf, Bildungsverlag EINS, 2009.

Fuchs, Ragnhild/Siebers, Christiane: Sprachförderung von Anfang an – Arbeitshilfen für die Fortbildung von pädagogischen Fachkräften in Tageseinrichtungen für Kinder. Hrsg: Sozialpädagogisches Institut NRW – Landesinstitut für Kinder, Jugend und Familie, Köln, 2002.

GEW (Gewerkschaft Erziehung und Wissenschaft): Sprache fördern – Bildung ganzheitlich entfalten. Frankfurt/Main, 2007.

Griebel, Wilfried/Niesel, Renate: Übergänge verstehen und begleiten. Transitionen in der Bildungslaufbahn von Kindern. Berlin, Cornelsen Verlag Scriptor, 2011.

Gründler, Elisabeth C.: Freies Spiel von Säuglingen und Kleinkindern. Das Kind als Akteur seiner Entwicklung. www.familienhandbuch.de/babys-kinder/entwicklung/saeugling/spiel/FreiesSpielvonSaeuglingenundKleinkindern.php [04.09.2016]

Gruschka, Andreas/Hesse-Lenz, Cordula/Michely-Weirich, Hildegard/Schomacher, Hedwig: Aus der Praxis lernen. Arbeitsbuch für die Ausbildung in Erzieherberufen. Berlin, 1995.

Haug-Benien, Rolf-Dieter (Hrsg.): Ein Fall nicht nur für zwei: kollegiale Beratung. Heidelberger Institut Beruf und Arbeit, hiba GmbH, 1998.

Haug-Schnabel, Gabriele/Bensel, Joachim: Raumgestaltung in der Kita. Kindergarten heute praxis kompakt, Freiburg Verlag Herder, 2015.

Heimlich, Ulrich: Behinderte und nichtbehinderte Kinder spielen gemeinsam. Bad Heilbrunn, Klinkhard Verlag, 1995.

Hurrelmann, Klaus: Einführung in die Sozialisationstheorie. 9. Aufl ., Weinheim, Beltz Verlag, 2006.

Kühn, Christian: Der „Raum" der Jugendarbeit aus architektonischer Sicht. In: Deinet, Ulrich (Hrsg.): Sozialräumliche Jugendarbeit. Wiesbaden, VS Verlag für Sozialwissenschaften, 2009.

Kühn, Christian: Räume planen, bauen und gestalten, in: Deinet, Ulrich; Sturzenhecker, Benedikt (Hrsg.): Handbuch Offene Kinder- und Jugendarbeit, Wiesbaden, VS Verlag für Sozialwissenschafte, 2005.

Kühn, Susanne: Fit für sprachliche Vielfalt. Mehrsprachigkeit- Qualitätsmerkmal von Kitas. In: Hammes-Di Bernardo, Eva/Schreiner, Sonja Adelheid: Diversität. Ressource und Herausforderung für die Pädagogik der frühen Kindheit. Berlin, Verlag das netz, 2011.

Kümmerling-Meibauer, Bettina: Erste Bilder, erste Begriffe: Weltwissen für Kleinkinder. In: Literatur im Laufstall. Katalog zur gleichnamigen Ausstellung im Bilderbuchmuseum Burg Wissem Troisdorf, 2009.

Lindgren, Astrid: Immer dieser Michel. Hamburg, Verlag Friedrich Oetinger GmbH, 2012.

Näger, Sylvia: Literacy – Kinder entdecken Buch-, Erzähl- und Schriftkultur. Freiburg, Verlag Herder, 2005.

Plaga, Friederike: Bilderreich & wortgewandt. Kindliches Bildverstehen und Frühpädagogik. München, Kopäd Verlag, 2012.

Schäfer, Gerd E.: Der Raum als erster Erzieher. Konkrete Erfahrungen sind Voraussetzungen für symbolisches Denken. In: TPS 1/2005, S. 6–9.

Schneider, Kornelia: Raum für mich und meine Gefährten – Kita-Räume aus Sicht der Kinder denken und gestalten. In: TPS 05/2013, S. 6–9.

Sen, Armatya: Die Identitätsfalle. Warum es keinen Krieg der Kulturen gibt. München, Beck, 2007.

Sielert Uwe u.a.: Kompetenztraining „Pädagogik der Vielfalt". Weinheim und München, Beltz, 2009.

Steitz-Kallenbach, Jörg/Thiele, Jens: Handbuch Kinderliteratur. Freiburg, Verlag, 2003.

Thüringer Ministerium für Bildung, Wissenschaft und Kultur (Hrsg.): Thüringer Bildungsplan für Kinder bis 10 Jahre. Weimar, Berlin, 2010.

UN-Kinderrechtskonvention, Art. 31, unter: www.kinderrechtskonvention.info/recht-auf-altersgemaesse-freizeitbeschaeftigungrecht-auf-spielen-3654/ [09.10.2016]

Wolf, Maryanne: Das lesende Gehirn. Wie der Mensch zum Lesen kam – und was es in unseren Köpfen bewirkt. 2. Aufl., Heidelberg, Spektrum Akademischer Verlag, 2011.

Würzburger Trainingsprogramm, abgerufen unter: www.phonologische-bewusstheit.de/spiele/wortpaare1.htm, [15.11.2016]

www.bildungsserver.de/Uebergang-Kindergarten-Grundschule-1863.html (Deutscher Bildungsserver, Deutsches Institut für Pädagogische Forschung, Frankfurt/Main) [15.11.2016]

www.dqr.de (Deutscher Qualifikationsrahmen für lebenslanges Lernen. Hrsg: Bundesministerium für Bildung und Forschung, Berlin) [15.11.2016]

www.einsteinstuttgart.de/tl_files/pdfs/beobachtungsbogen.pdf (Einstein Stuttgart, Hrsg: Jugendamt Stuttgart) [09.10.2016]

www.infans.net (infans, Institut für frühe Sozialisationsforschung/frühe Kindheit, Berlin) [15.11.2016]

www.PixelGiraffe.com (Marcus G. Shaw, Kiel) [15.11.2016]

www.sketchup.com/de [15.11.2016]

www.thingiverse.com/thing:116042 [15.11.2016]

Zustra, Ariana: Die dritte Identität. In: Stuttgarter Zeitung vom 10.10.2013.

Film: Jedes Kind kann mitspielen. Ein Beitrag auf dem Weg zur Inklusion. elbkinder - Vereinigung Hamburger Kindertagesstätten, 2012.

Die Autoren stellen sich vor

Anja Berkemeier arbeitet als Studienrätin in der Erzieherausbildung, in der Qualifizierungsmaßnahme für berufstätige Kinderpflegerinnen und bei den Sozialassistenten am Berufskolleg Michaelshoven in Köln. Sie war an der Konzeption zur schulinternen Umsetzung der Richtlinien beteiligt. Einen Schwerpunkt ihrer Arbeit stellt die Betreuung der Studierenden in der Praxis dar. Zusätzlich unterrichtet sie das Fach Deutsch/Kommunikation. Sie hat zwei Kinder.
Frau Berkemeier ist Herausgeberin dieses Arbeitsheftes. Als Autorin ist Anja Berkemeier in Lernfeld 4 für die Kapitel „Entwicklungsportfolios", „Kreative Persönlichkeiten erkennen und fördern", „Kreative Potenziale unterstützen", „Faszination Sprache – Voraussetzungen für den Spracherwerb der Kinder", „Sprachentwicklung beobachten, analysieren und fördern", „Programme und ganzheitliche Konzepte zur Sprachförderung" zuständig, in Lernfeld 5 hat sie die Kapitel „Gegenseitige Erwartungen von Eltern und Erziehern", „Schriftliche Kommunikation mit Eltern", „Ausflüge und Feste", „Eltern mit Migrationshintergrund" und in Lernfeld 6 das Kapitel „Kooperation mit anderen Institutionen" verfasst.

Stefanie Dreißen ist Studienrätin am Mildred-Scheel-Berufskolleg in Solingen und unterrichtet in der Fachschule für Sozialpädagogik sowie in der Fachschule für Heilerziehungspflege in allen Lernfeldern bzw. berufsbezogenen Fächern. Ein Schwerpunkt ihrer Tätigkeit stellt die Lernortkooperation mit zahlreichen Einrichtungen der Kinder-, Jugend- und Behindertenhilfe dar. Sie ist Mutter von vier Kindern, zwei Söhnen und zwei Töchtern. Frau Dreißen ist für die folgenden Kapitel verantwortlich: „Grundlagen der Bildungsdokumentation" und „Konsequenzen für das pädagogische Handeln aus der Bildungsdokumentation ableiten" in Lernfeld 4 und „Den Übergang von Kindern unter drei in Kita, Krippe oder Tagespflege gestalten" und „Den Übergang vom Kindergarten- zum Schulkind gestalten" in Lernfeld 5.

Volker Fischer, Diplom-Sozialpädagoge mit verschiedenen Zusatzqualifikationen in Team- und Organisationsentwicklung, psychotherapeutischen und gruppendynamischen Verfahren sowie Erlebnispädagogik. Autor von Fachbüchern und -artikeln, Leiter des Bereichs Weiterbildung beim Verein Pädiko e. V. in Kiel. Pädiko e.V. ist ein staatlich anerkannter Träger der Weiterbildung und Träger der freien Jugendhilfe. Volker Fischer organisiert, koordiniert und leitet Fort- und Weiterbildungen für pädagogische Fachkräfte. Er ist Vater von zwei Töchtern. Herr Fischer ist Autor des Kapitels „Zusammenarbeit im Team" in Lernfeld 6.

Dietmar Böhm ist Dozent an einer Fachschule für Sozialpädagogik in Stuttgart. Nach der Ausbildung zum Erzieher, Studium der Politologie, Erziehungswissenschaft und Germanistik mit Schwerpunkt Kinder- und Jugendliteratur in Berlin und Frankfurt (MA). Verschiedene Veröffentlichungen zum interkulturellen Lernen, zu pädagogischen Handlungskonzepten und Fragen der Medienpädagogik. Herr Böhm ist Verfasser folgender Kapitel in Lernfeld 4: „Umgang mit Mehrsprachigkeit", „Kinderliteratur" und „Interkulturelle Erziehung".

Kurt-Helmuth Eimuth, Dipl.-Päd., leitet den Arbeitsbereich Kindertagesstätten des Evangelischen Regionalverbandes Frankfurt. Nach dem Studium der Theologie und der Erziehungswissenschaften Redakteur bei der Kirche, Weltanschauungsbeauftragter des Evangelischen Regionalverbands Frankfurt, anschließend Leiter der Öffentlichkeitsarbeit und Pressesprecher. Als Autor ist Herr Eimuth für die Kapitel „Einsatz digitaler Medien in der sozialpädagogischen Arbeit" und „3D-Druck" in Lernfeld 4 verantwortlich.

Martin Gehlen arbeitete nach einer Ausbildung zum Kaufmann und dem Abschluss als Diplom-Sozialpädagoge in diversen sozialpädagogischen Bereichen und war u. a. mehrere Jahre Leiter einer Jugendeinrichtung in einem Stadtteil mit besonderem Erneuerungsbedarf. Seit dem Studium „Lehramt an Berufskollegs" unterrichtet er gemäß seiner Lehrbefähigung für „Sozialpädagogik" und „Sonderpädagogik" entsprechende Inhalte in der Ausbildung von Erzieher/-innen, Kinderpfleger/-innen und Sozialassistent/-innen am Berufskolleg Michaelshoven in Köln. Den Schwerpunkt bildet die Vermittlung von Theorie und deren Transfer in die Praxis. Er ist Vater von zwei Kindern. Das Kapitel „Raumgestaltung in Jugendeinrichtungen" in Lernfeld 4 ist von ihm verfasst.

Anita Hüseman Diplom-Sozialpädagogin, Diakonin und Spiel- und Theaterpädagogin, arbeitet freiberuflich als Lehrbeauftragte an verschiedenen Instituten, Fach- und Hochschulen in Hamburg und Schleswig-Holstein. Sie ist Mitgründerin und Vorstand von KALEIDOSKOP – Theater und Kommunikation e. V. in Hamburg; ihre Tätigkeitsschwerpunkte sind Großgruppenmoderation, Organisationsentwicklung und Unternehmenstheater.
Als Autorin ist Frau Hüseman für die Kapitel „Raumgestaltung in Kindertageseinrichtungen", „Bewegungspädagogik", „Das pädagogische Freispiel", „Spiel beobachten und verstehen", „Darstellendes Spiel und Theater" und „Planung und Anleitung von Spielen und Spieleinheiten" in Lernfeld 4 verantwortlich.

Lutz-W. Müller-Till ist Leiter der Evangelischen Fachschule für Sozialpädagogik in Freiburg (EFS) und dort auch Fachlehrer für Evangelische Religion/Religionspädagogik. Nach seiner Ausbildung als Gymnasiallehrer unterrichtete er zunächst an einer hessischen Fachschule in den religionspädagogischen Fächern sowie der Didaktik und Methodik der Sozialpädagogik. Bis heute betreut er zudem die angehenden Erzieherinnen und Erzieher im Praktikum. Herr Müller-Till ist Autor des Kapitels „Bildung regeln – Arbeit mit Bildungsplänen" in Lernfeld 4 und des Abschlusskapitels „Gipfel erreicht?! – Reflexion der Ausbildung".

Michael Ott bildet als Diplompädagoge im Baden-Württembergischen Freiburg Erzieherinnen und Erzieher vorwiegend im künstlerisch-gestalterischen und naturwissenschaftlichen Bereich aus. Dabei bringt er auch seine Erfahrungen als Realschullehrer sowie als Mehrklassenlehrer im Primarbereich mit ein. Im Rahmen seiner eigenen künstlerischen Tätigkeit hat er eine Reihe soziokultureller Projekte begleitet. Er ist Vater eines Sohnes. In Lernfeld 4 wurden die Kapitel „Kreative Persönlichkeiten erkennen und fördern" und „Kreative Potenziale unterstützen" vom ihm mitverfasst.

Ingrid Rauner, Ausbildung zur Erzieherin und Sozialpädagogin, anschließend Studium zur Diplompädagogin mit Schwerpunkt Sonderpädagogik. 30 Jahre Unterrichtserfahrungen mit angehenden Erzieher/-innen. Durch ständige Fort- und Weiterbildungen seit 2001 Mediatorin BM, Ausbilderin BM und Supervisorin mit eigener Praxis, Ausbildungstrainerin für Mediator/-innen im Erziehungs- und Bildungsbereich. Seit 2011 fortlaufende Streithelferkurse mit Vorschulkindern in Kindertagesstätten. Als Autorin ist Frau Rauner für das Kapitel „Das Kollegiale Beratungsmodell" in Lernfeld 6 verantwortlich.